aprende a dibujar

lindos personajes de moda

50

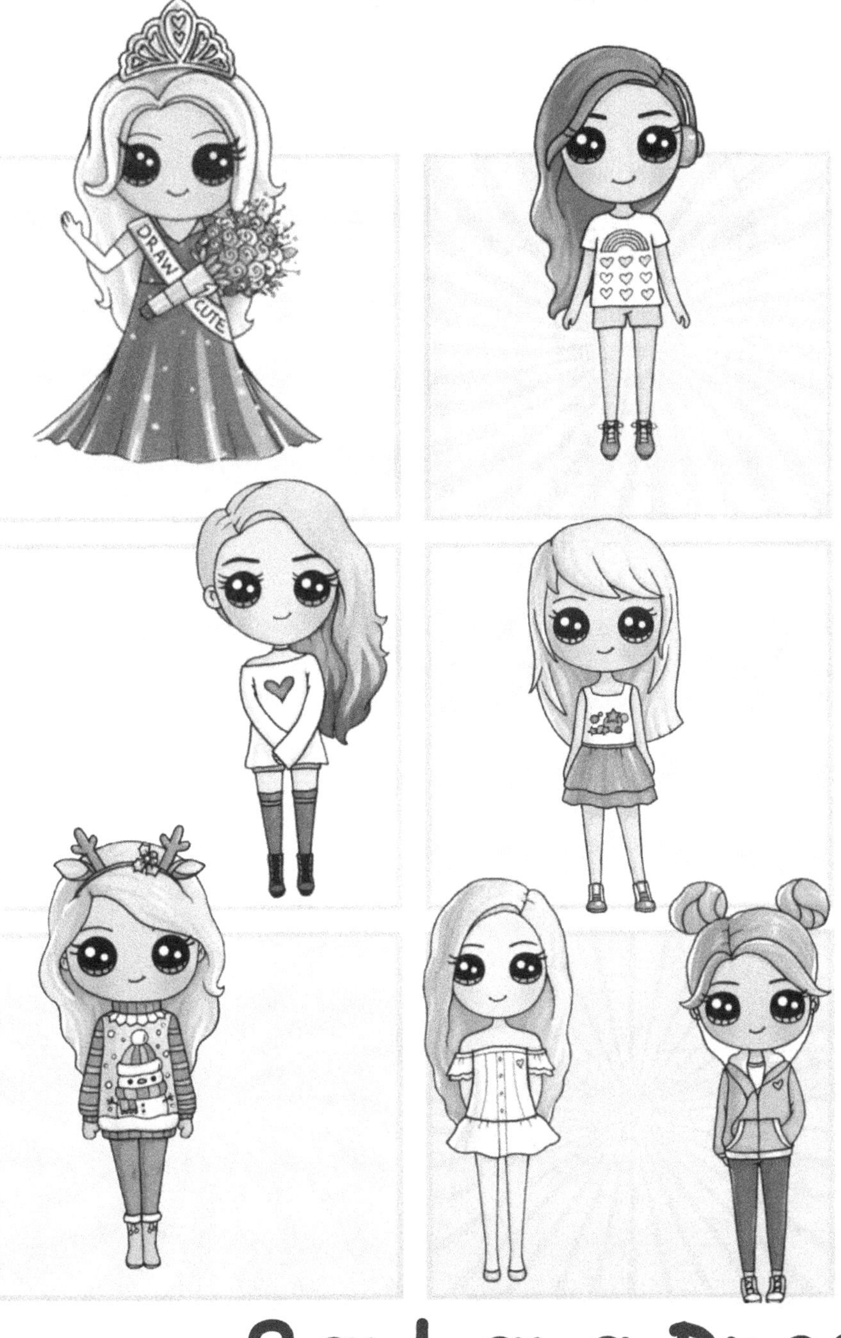

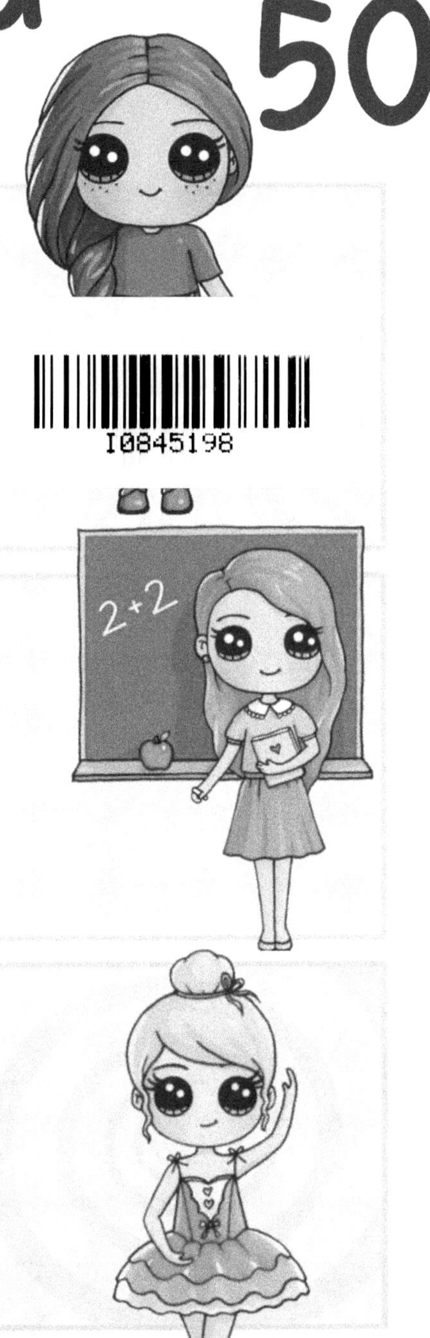

Barbara Press

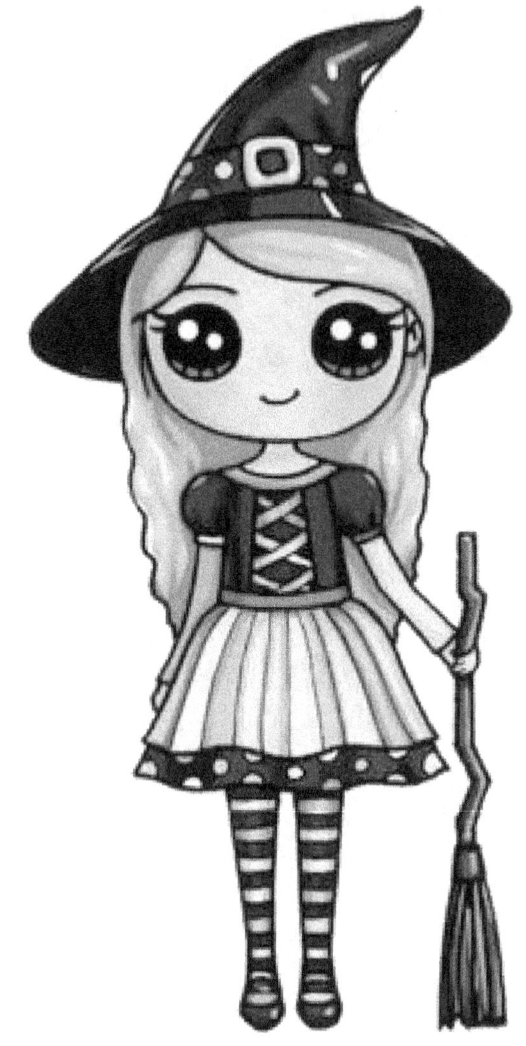

ESTE LIBRO PERTENECE A:

lindos personajes de moda

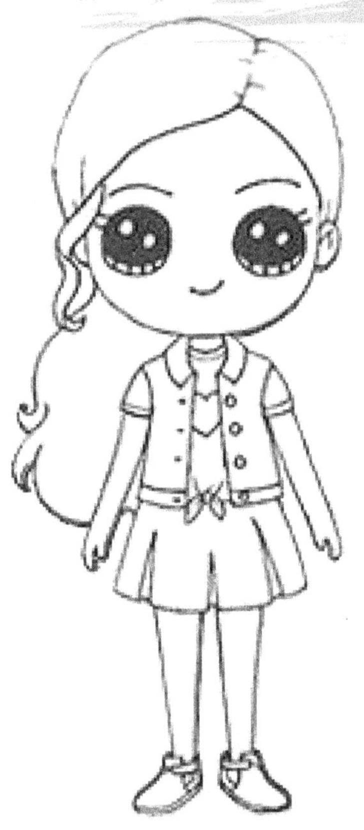 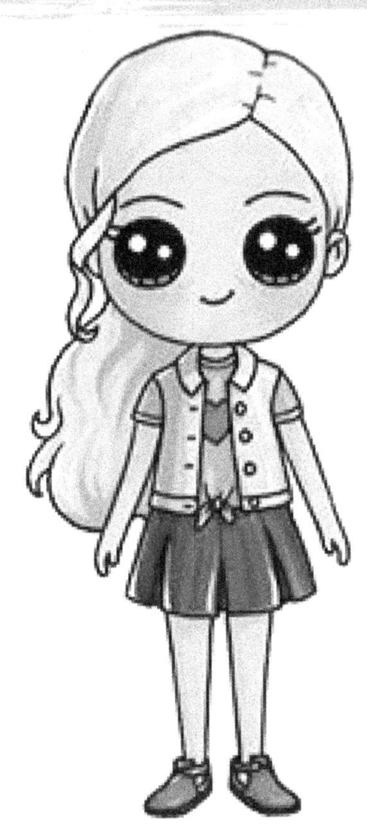

Como usar este libro, Todo lo que necesitas para comenzar es una hoja de papel, un lápiz y una goma de borrar, pero siéntete libre de usar cualquier herramienta que quieras para dibujar los personajes más lindos y puedes nombrarlos después de dibujarlos en las páginas de capacitación.

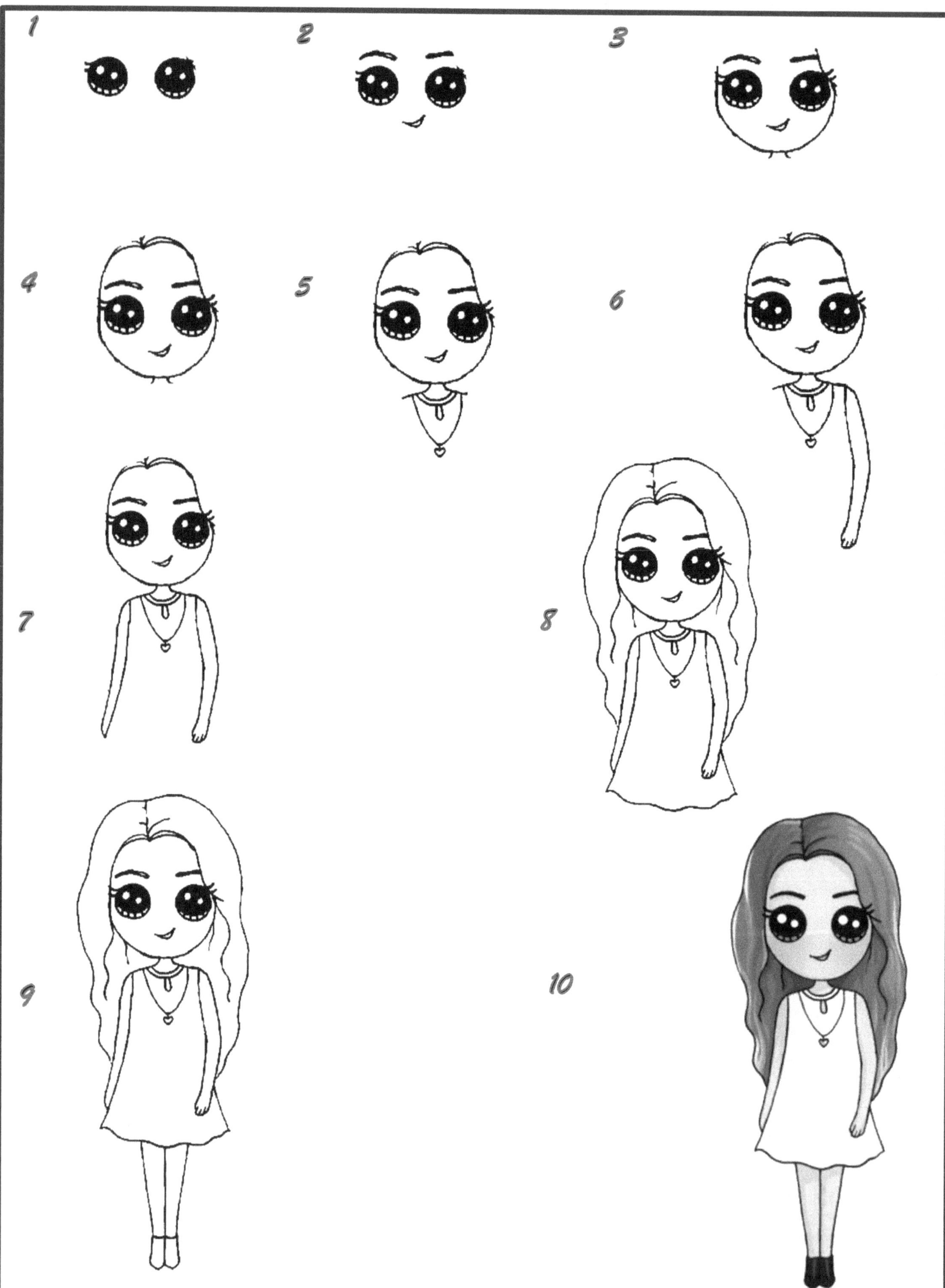

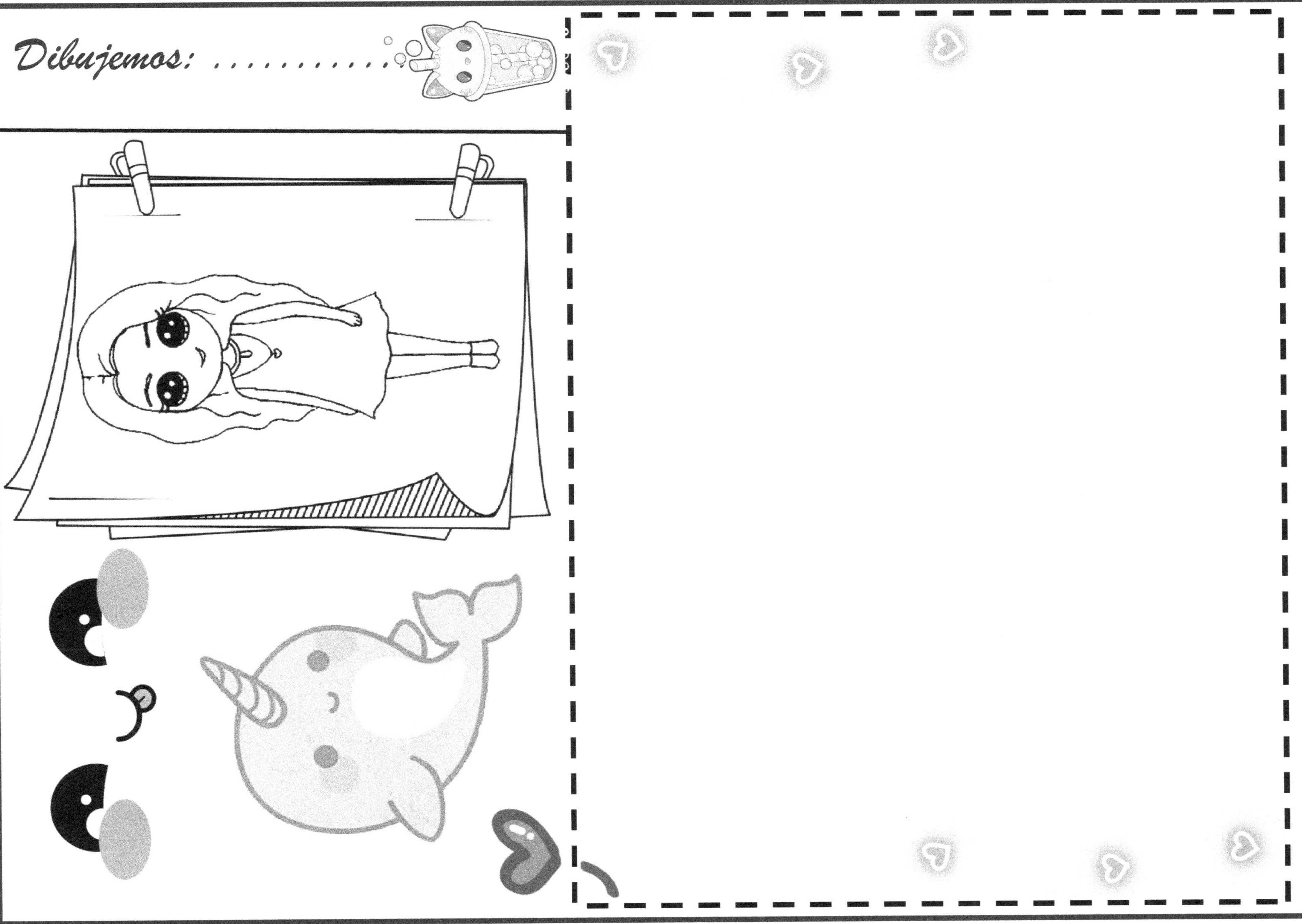
Dibujemos: ....

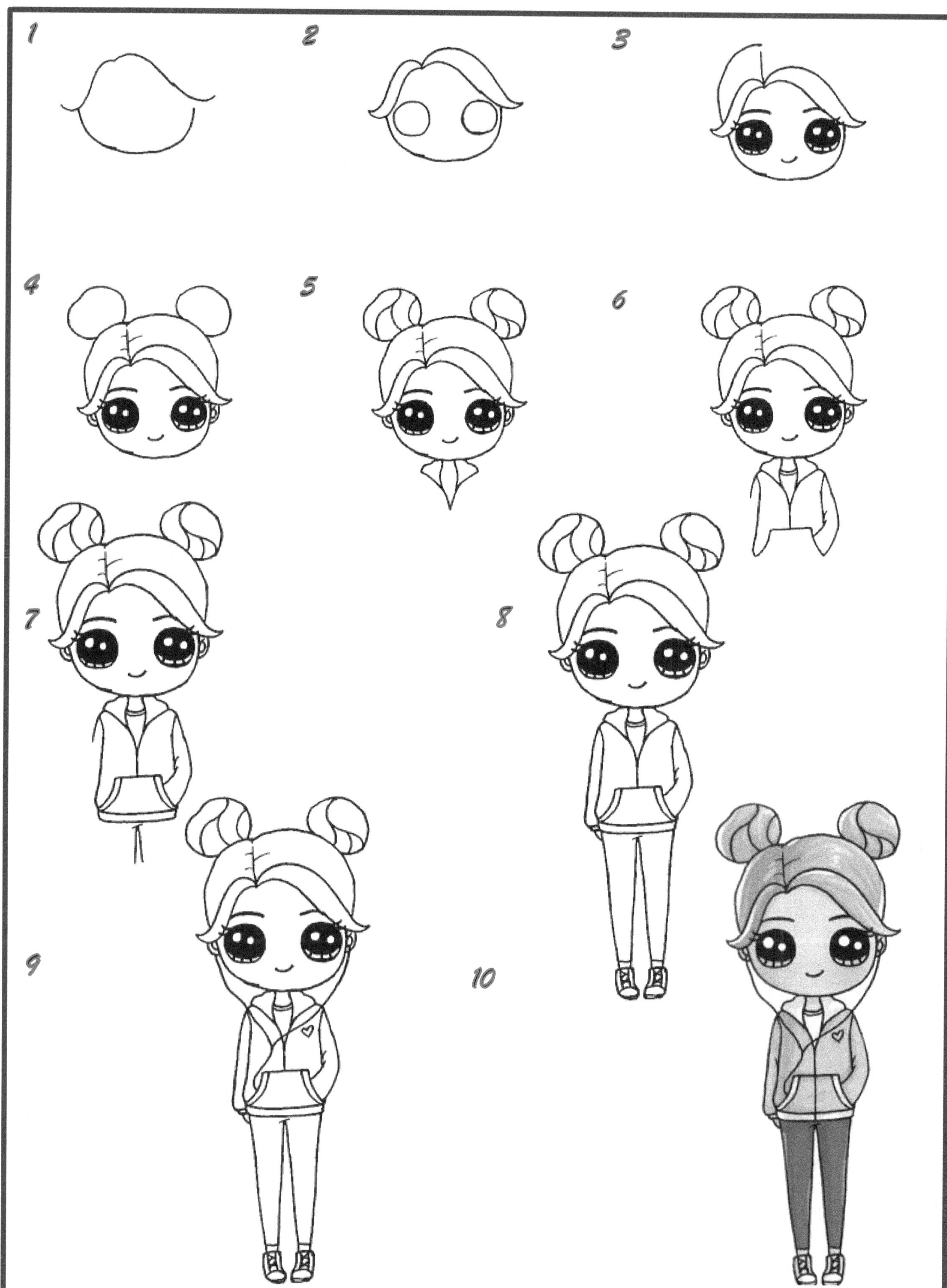

1
2
3
4
5
6
7
8
9
10

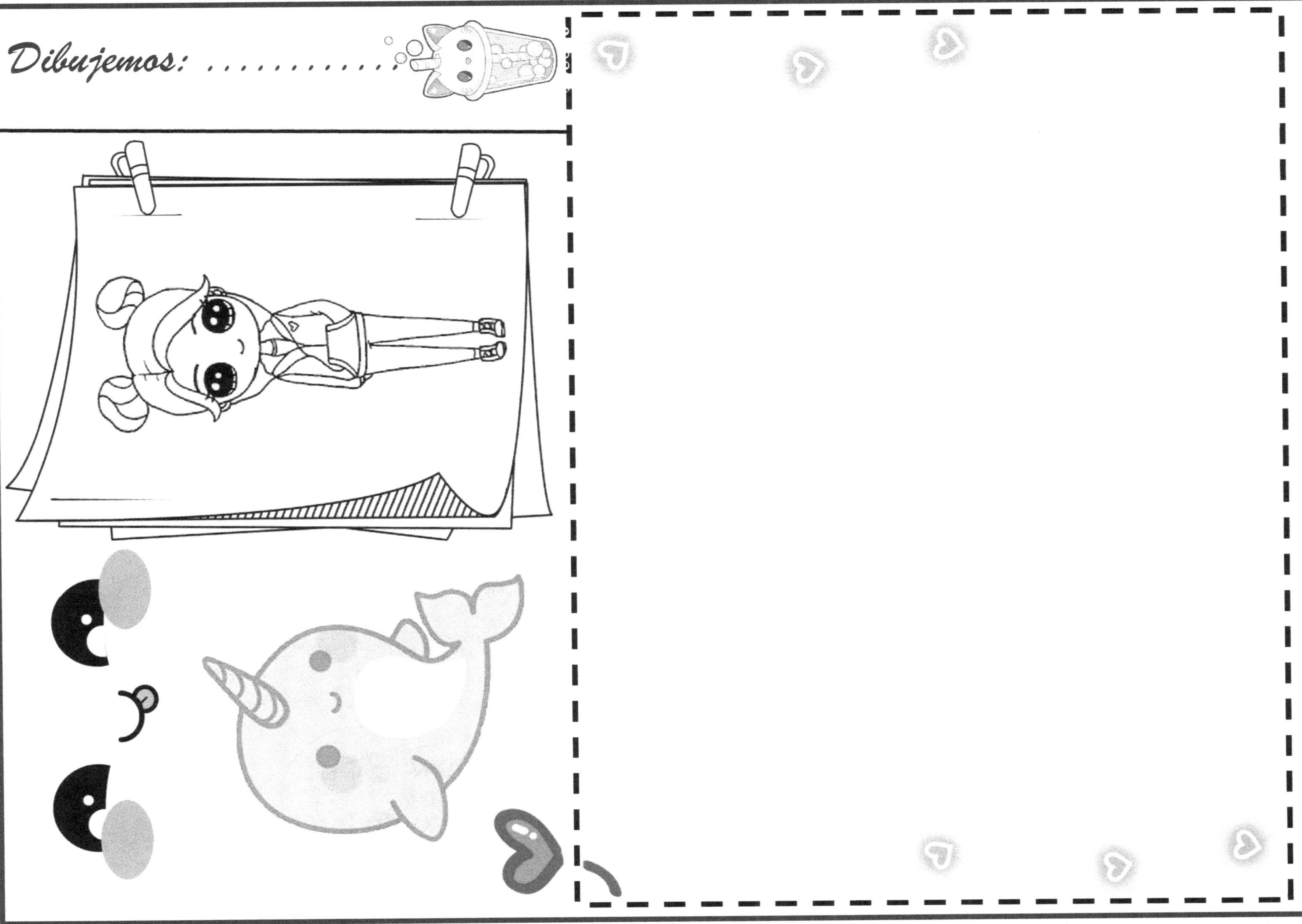
Dibujemos: ....

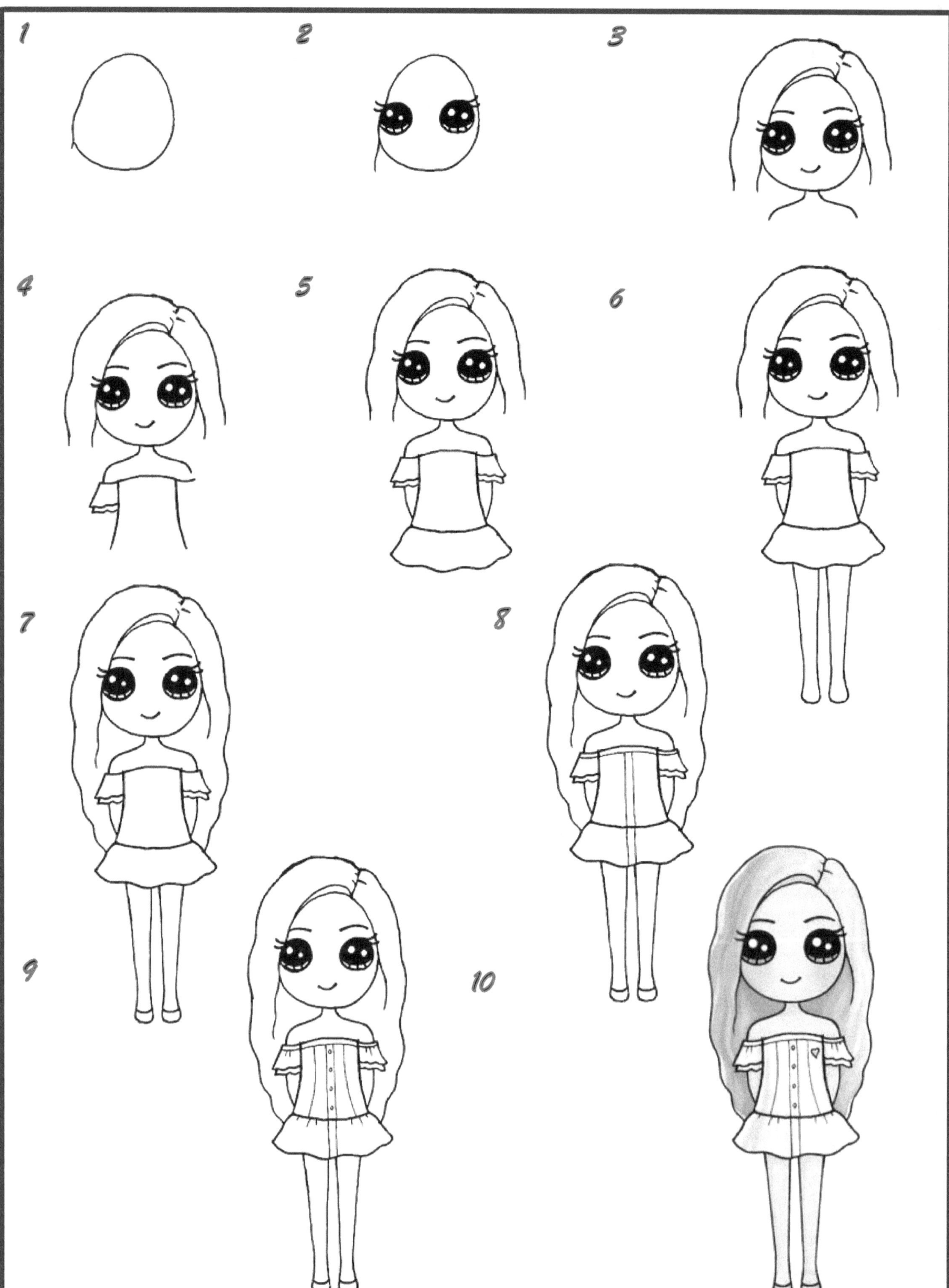

1
2
3
4
5
6
7
8
9
10

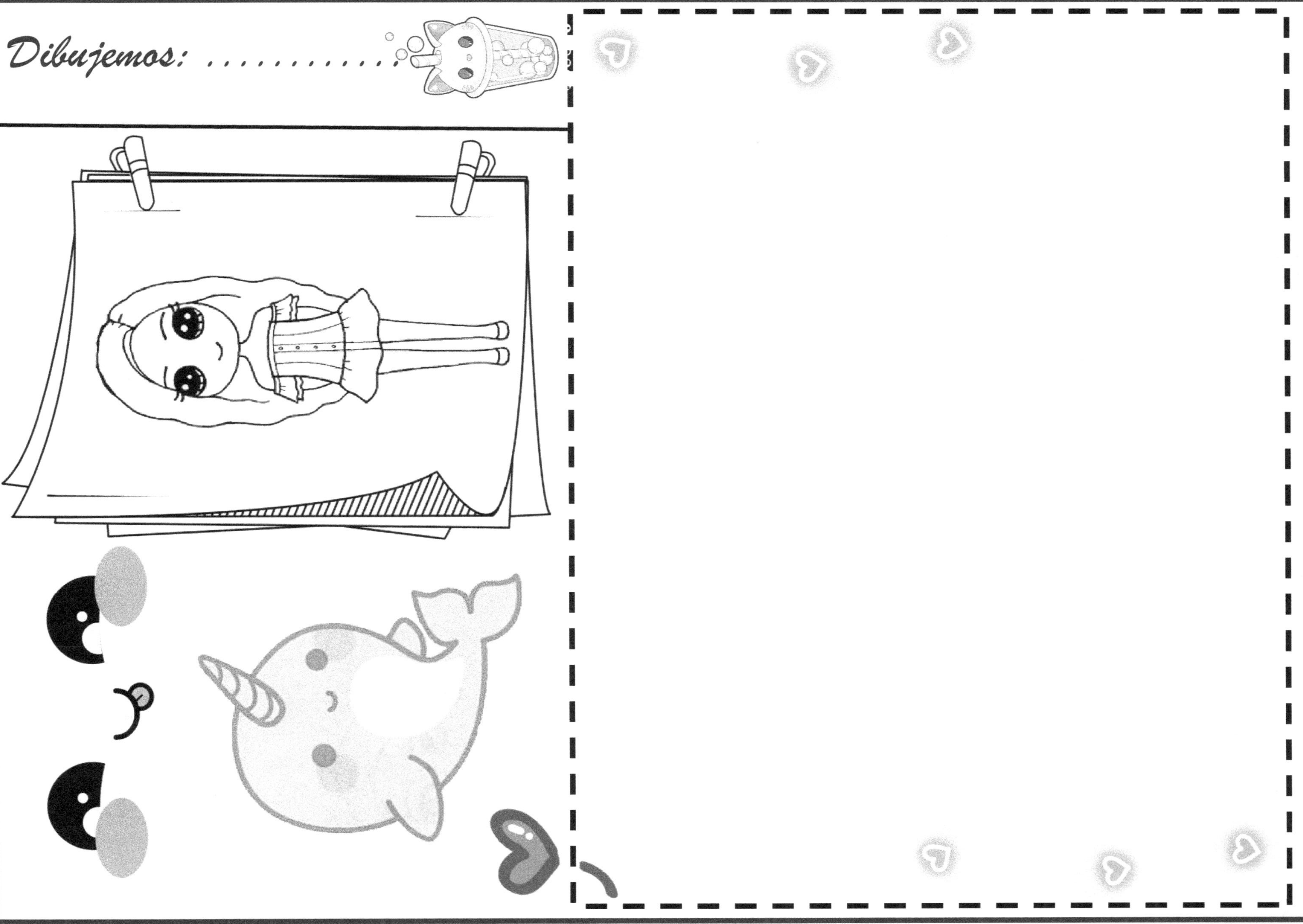

Dibujemos: ....

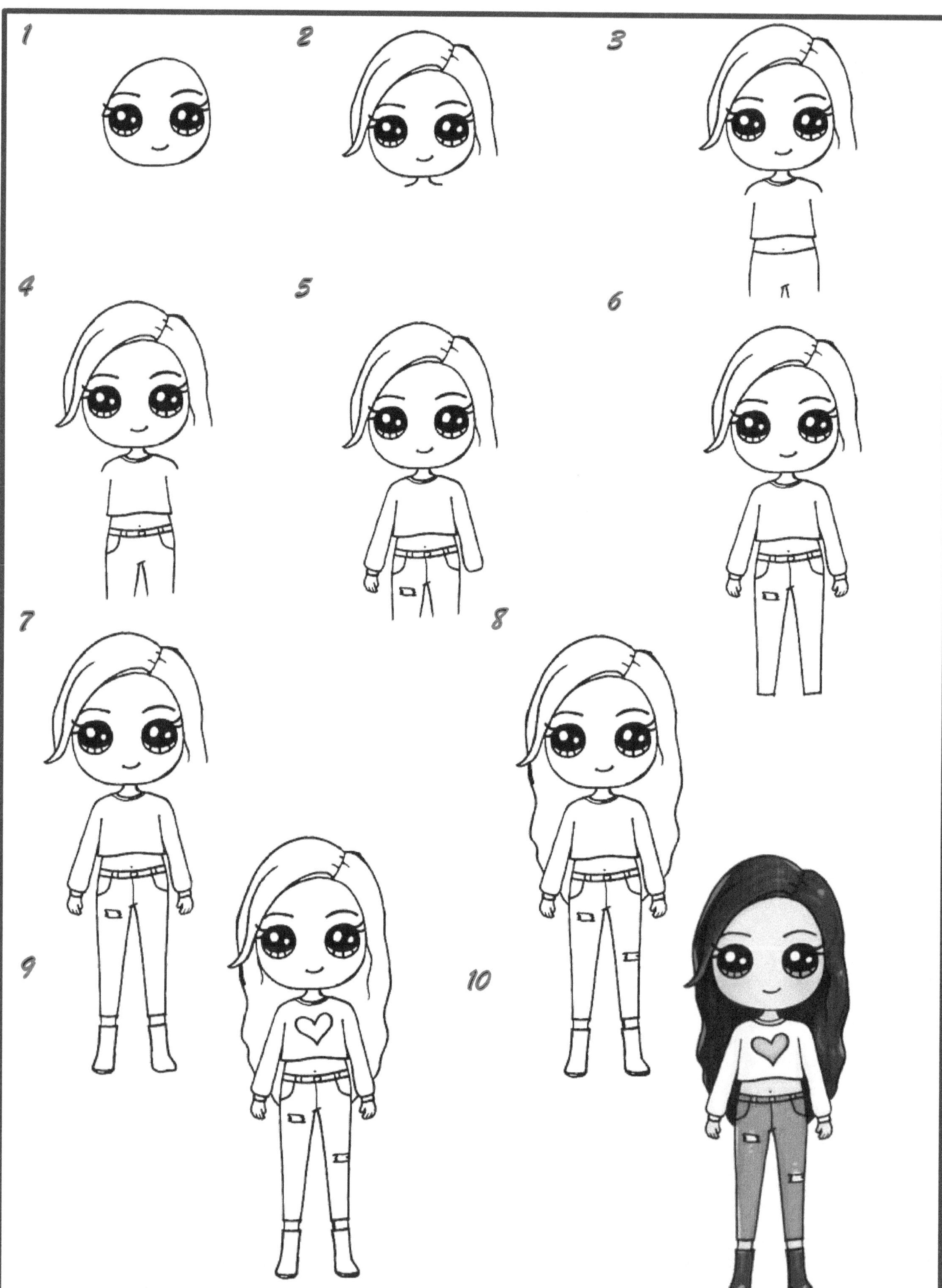

1
2
3
4
5
6
7
8
9
10

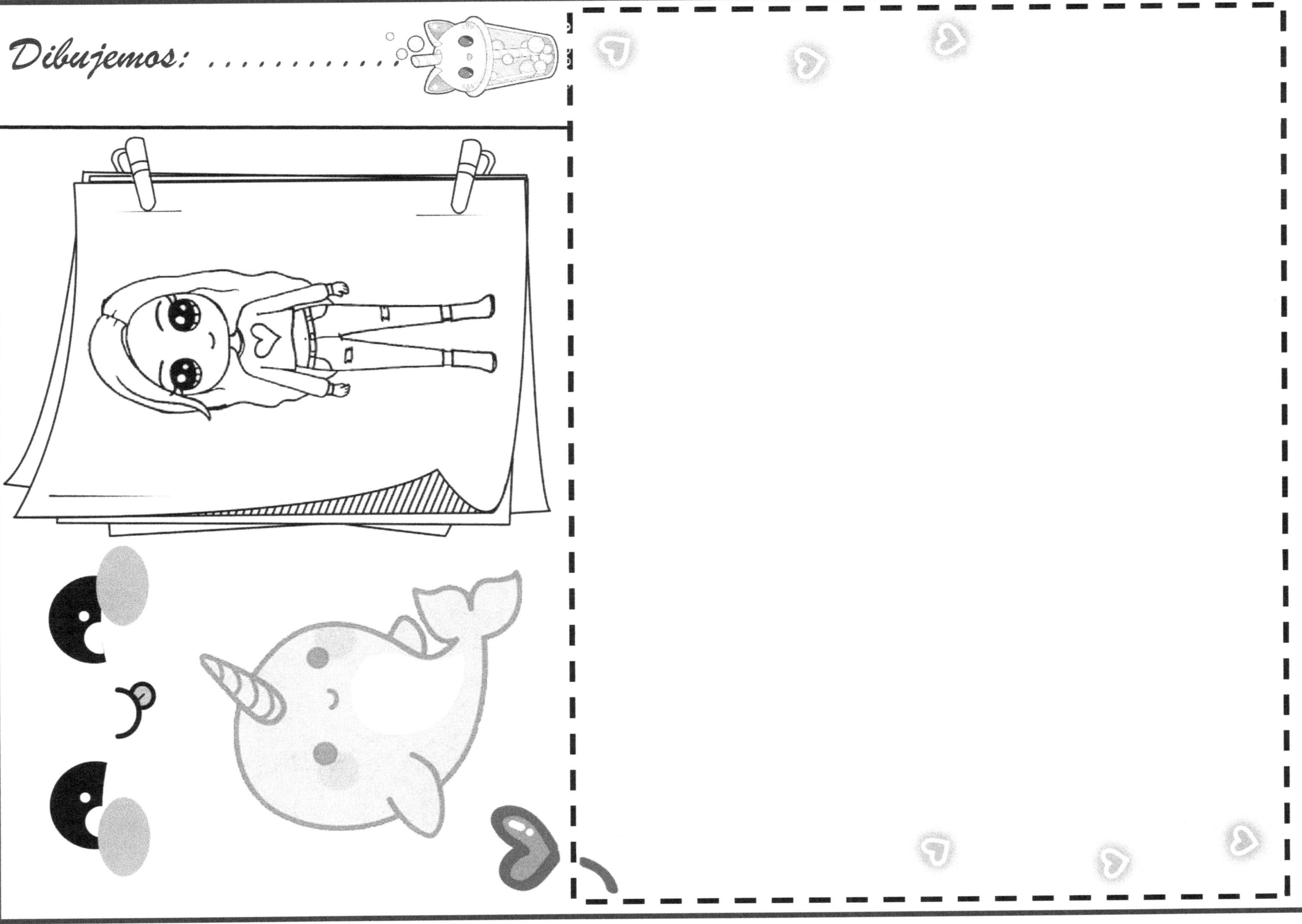

Dibujemos: ....

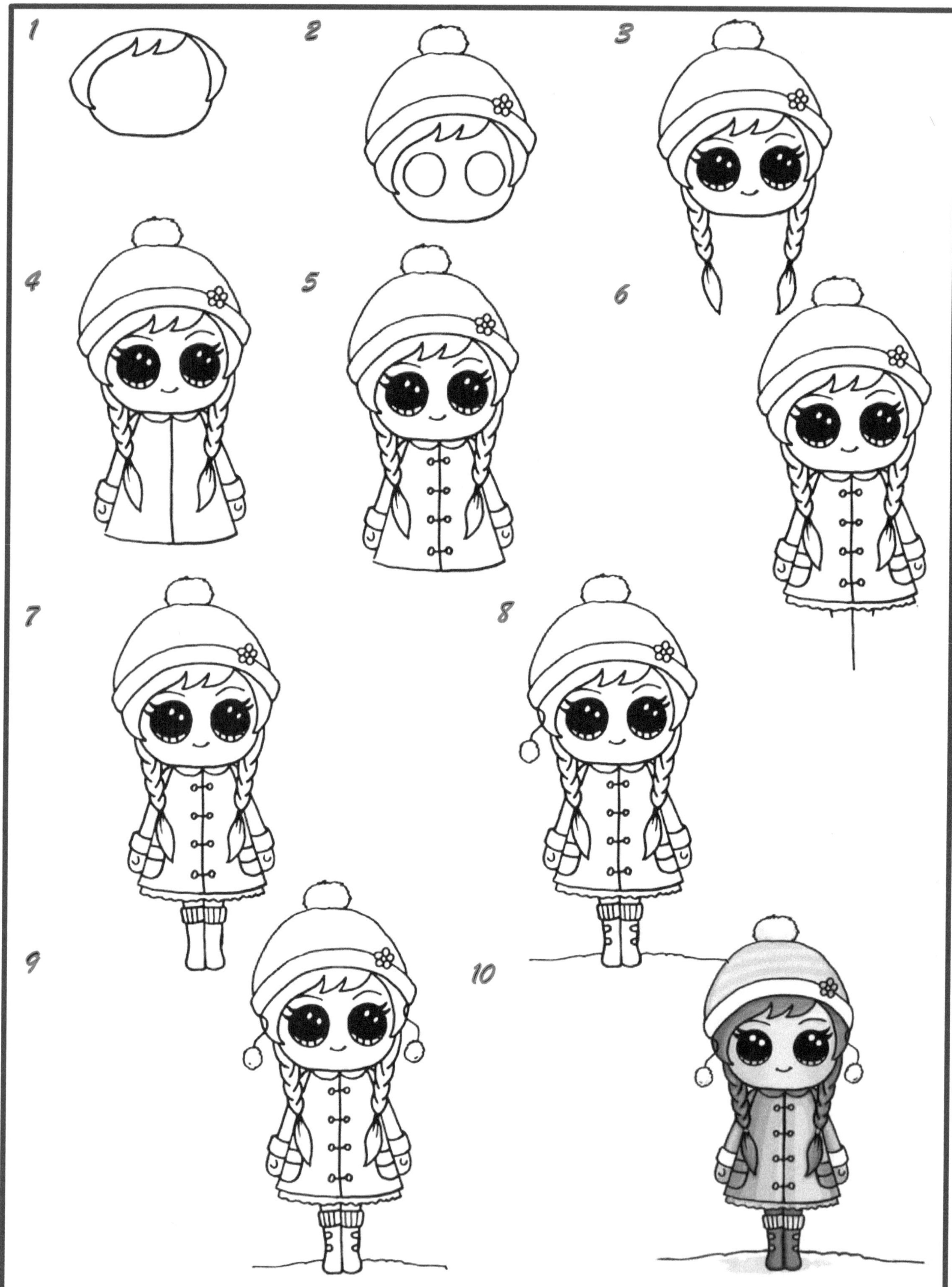

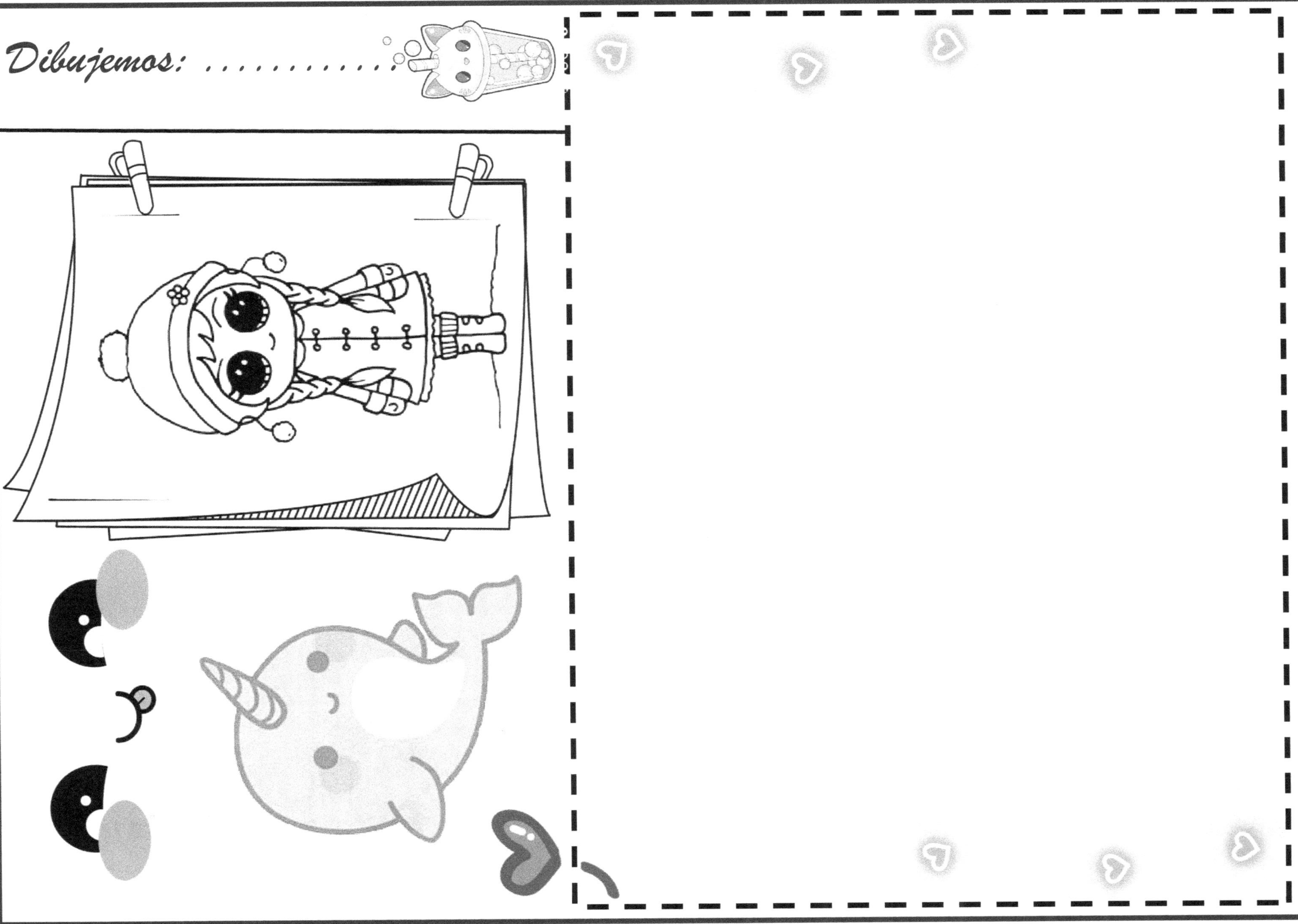

Dibujemos: ....

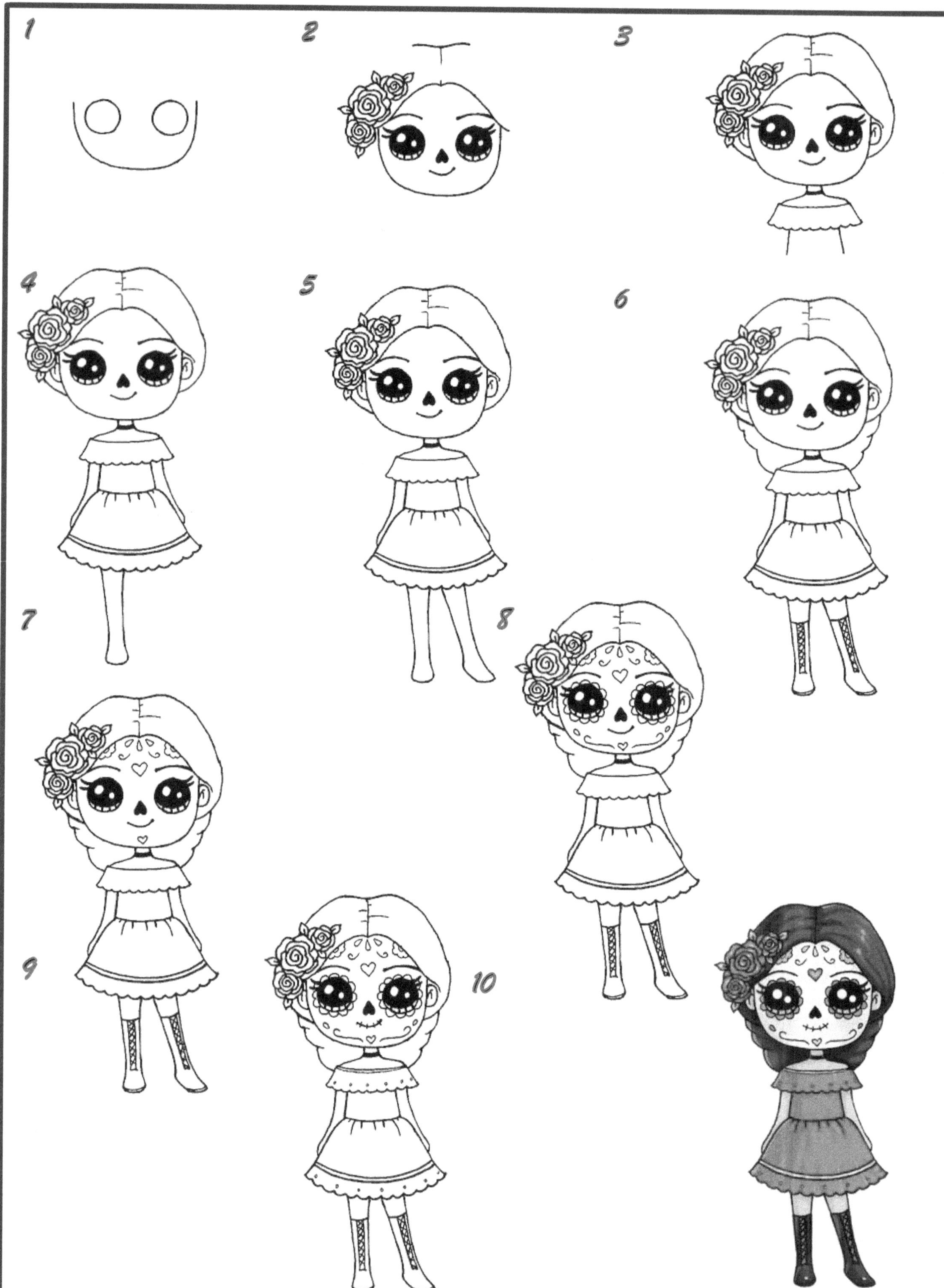

1

2

3

4

5

6

7

8

9

10

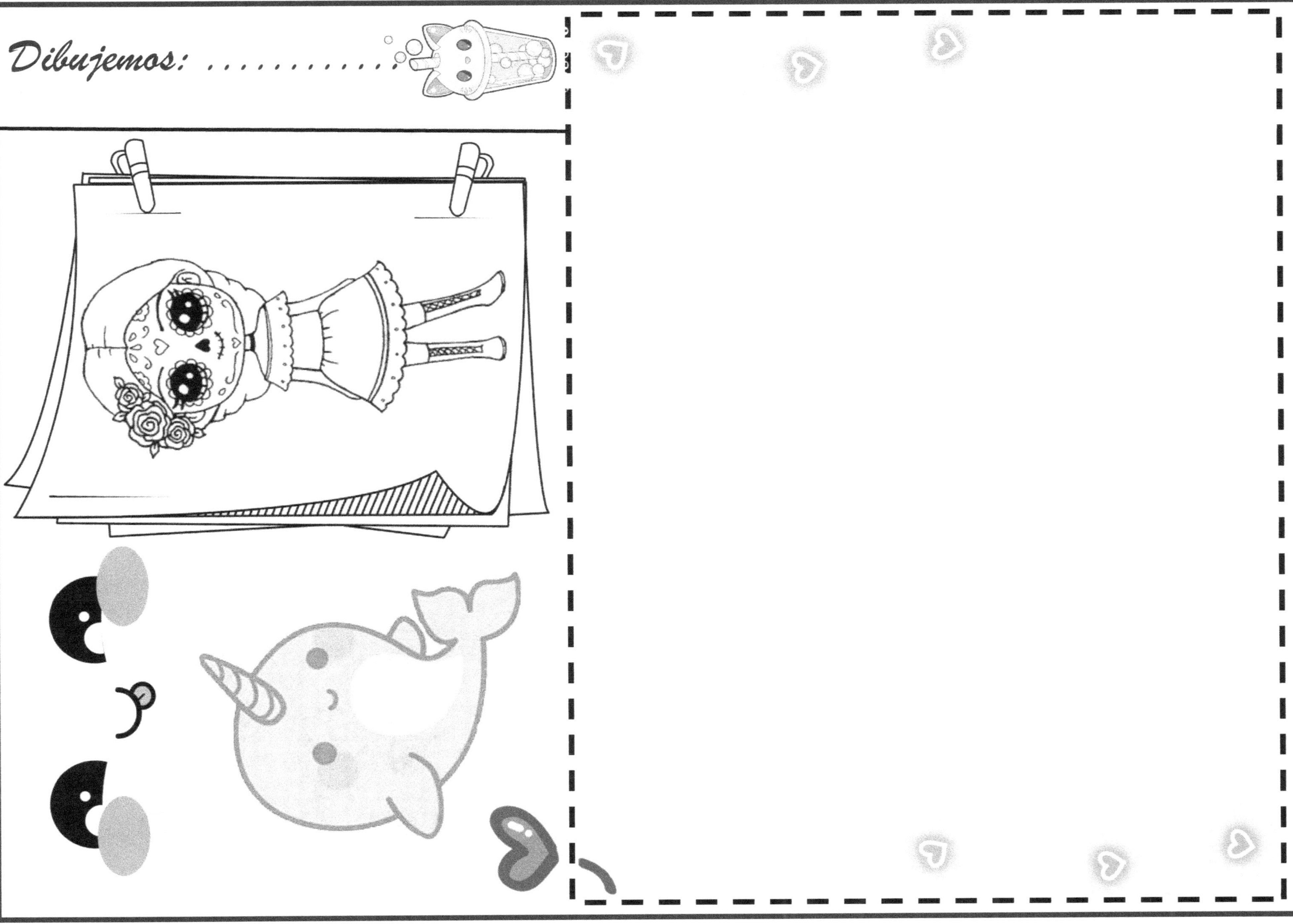

Dibujemos: ....

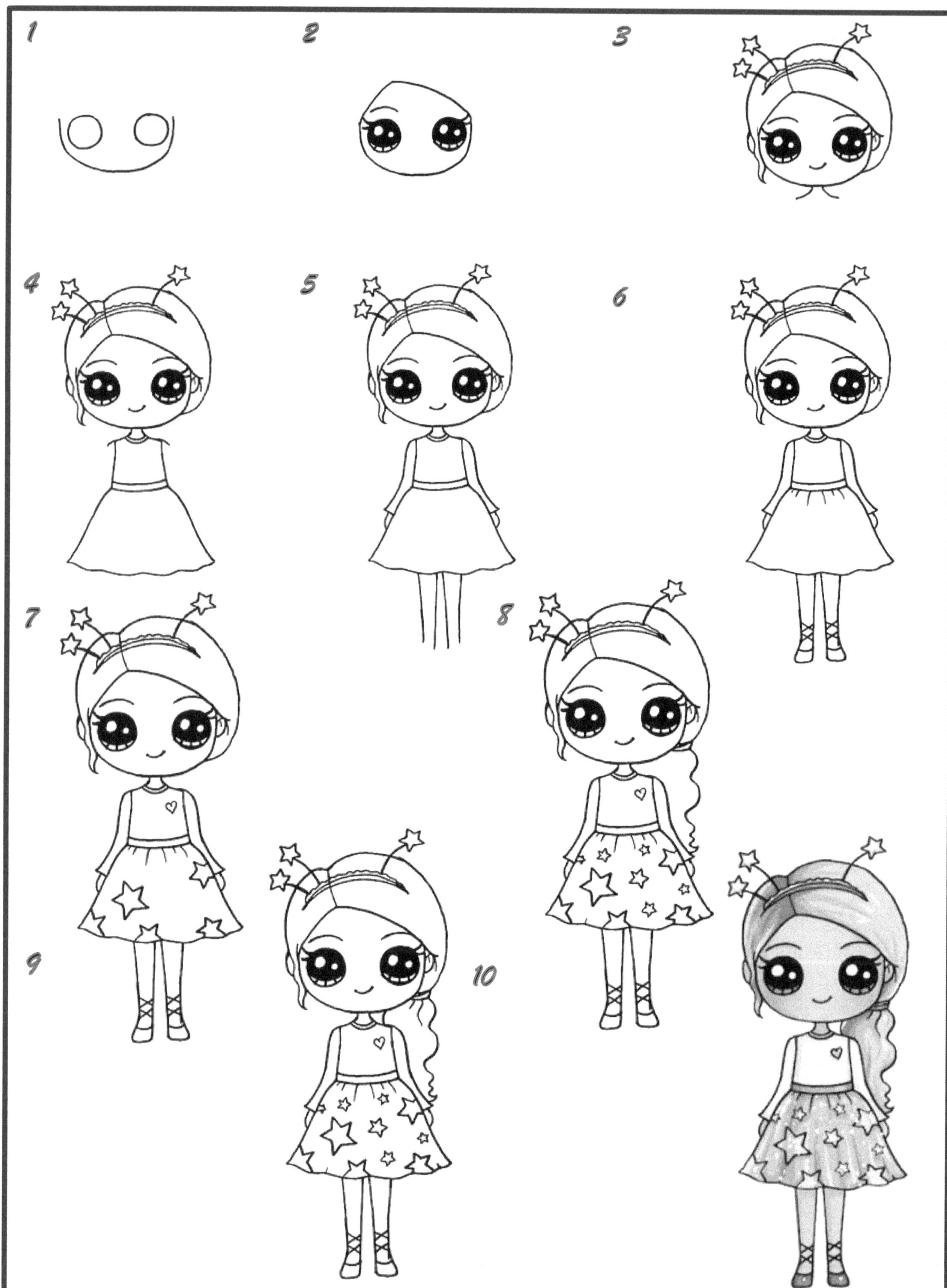

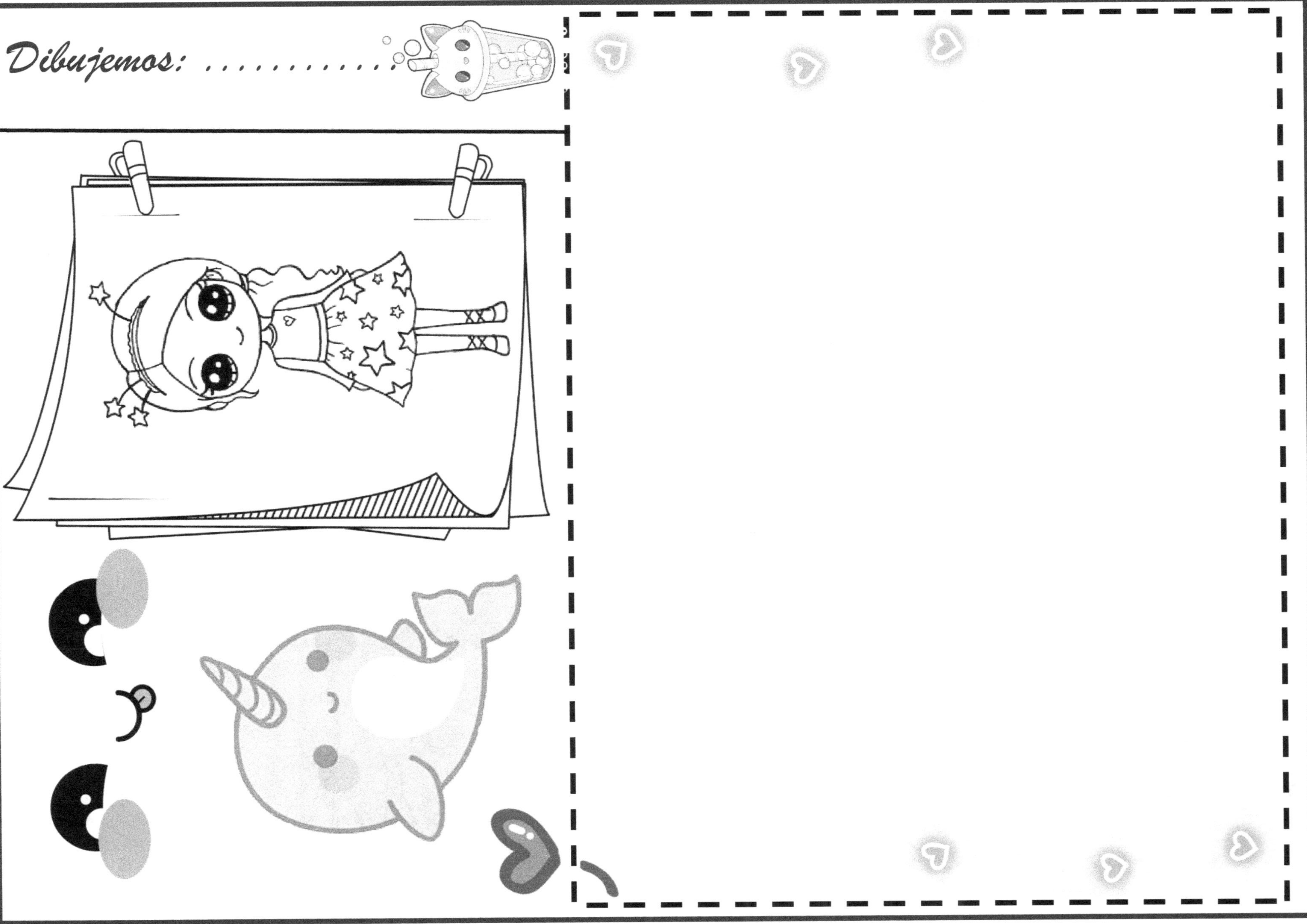
Dibujemos: ....

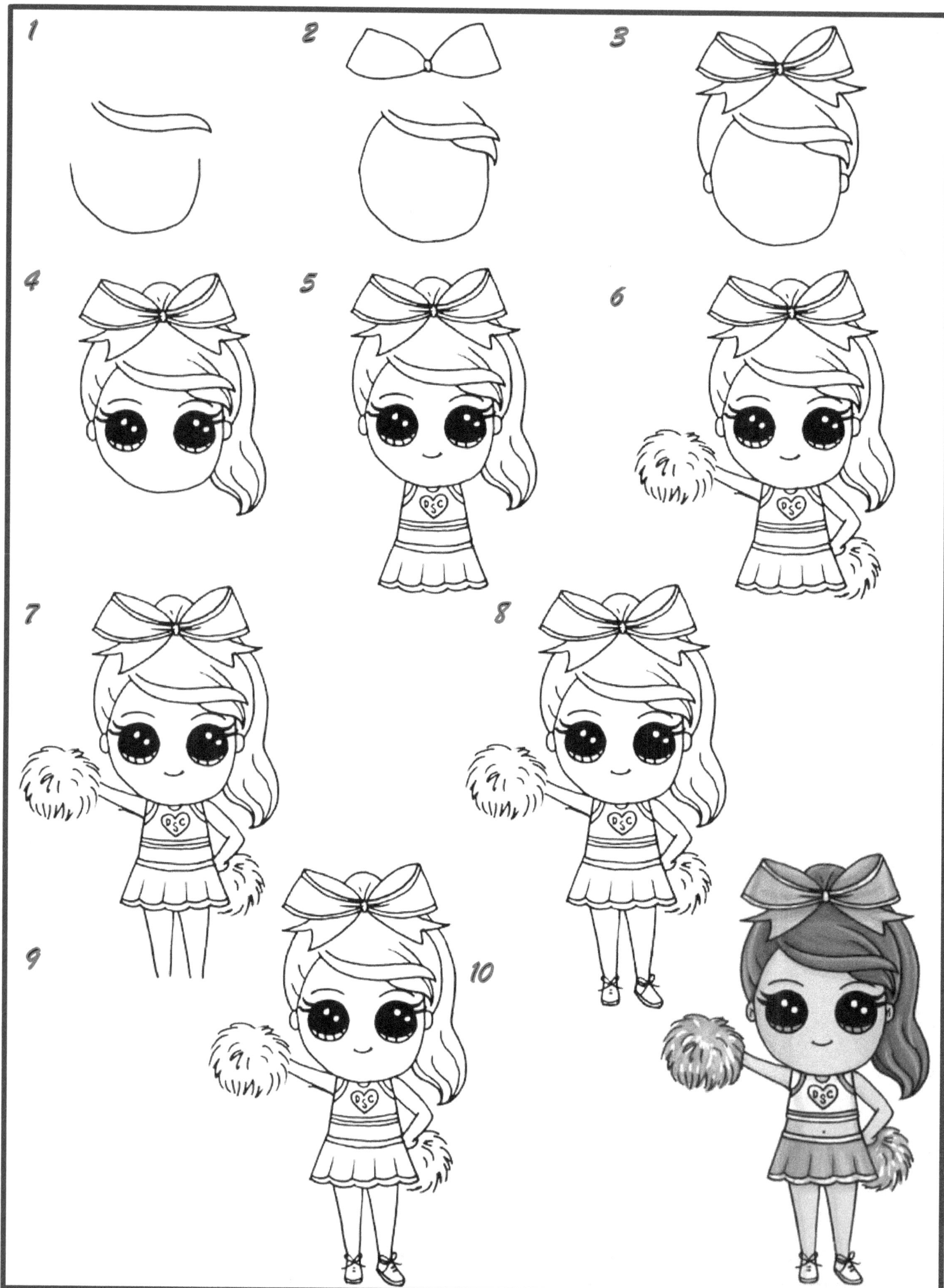

1
2
3
4
5
6
7
8
9
10

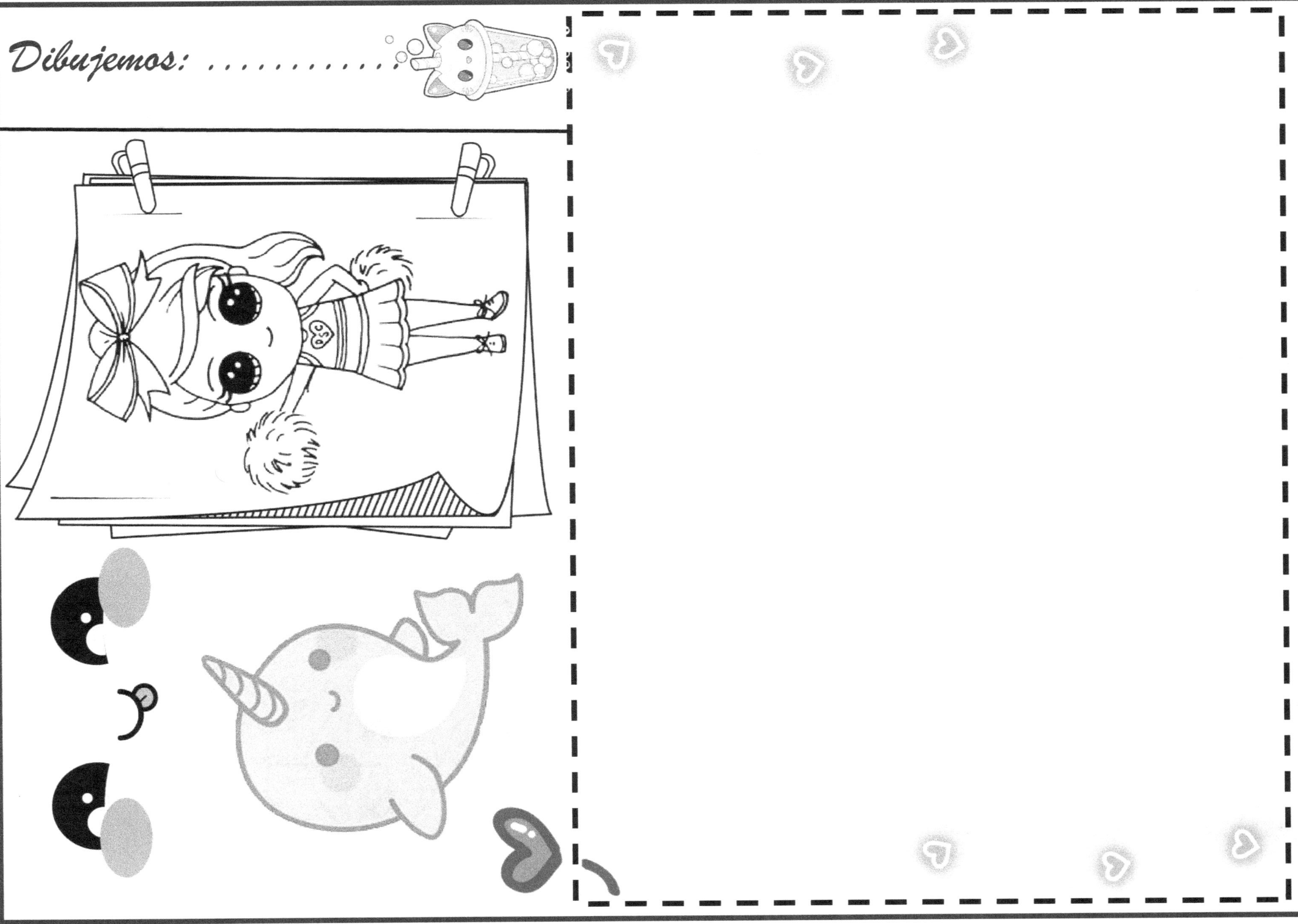

Dibujemos: ....

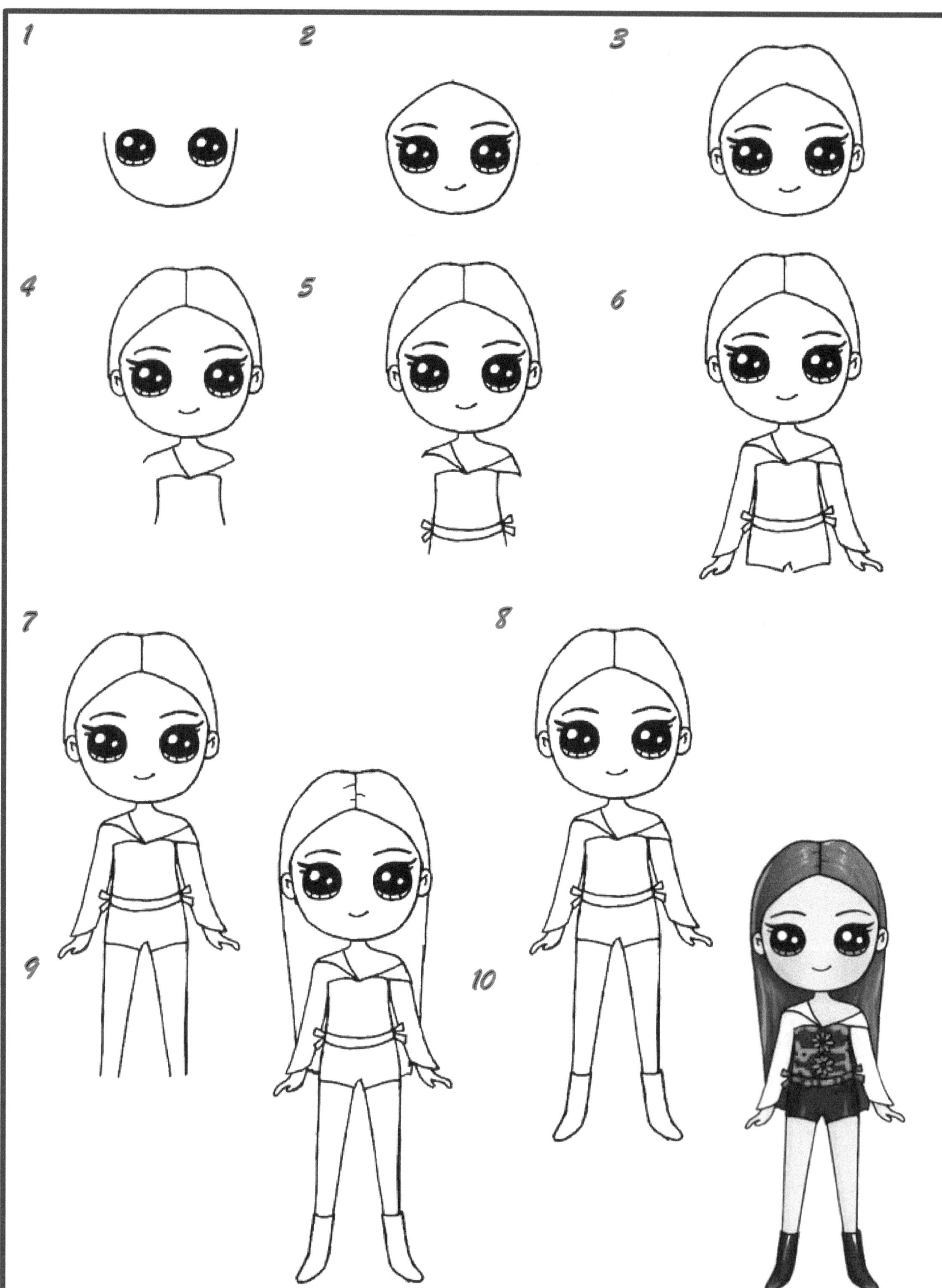

1
2
3
4
5
6
7
8
9
10

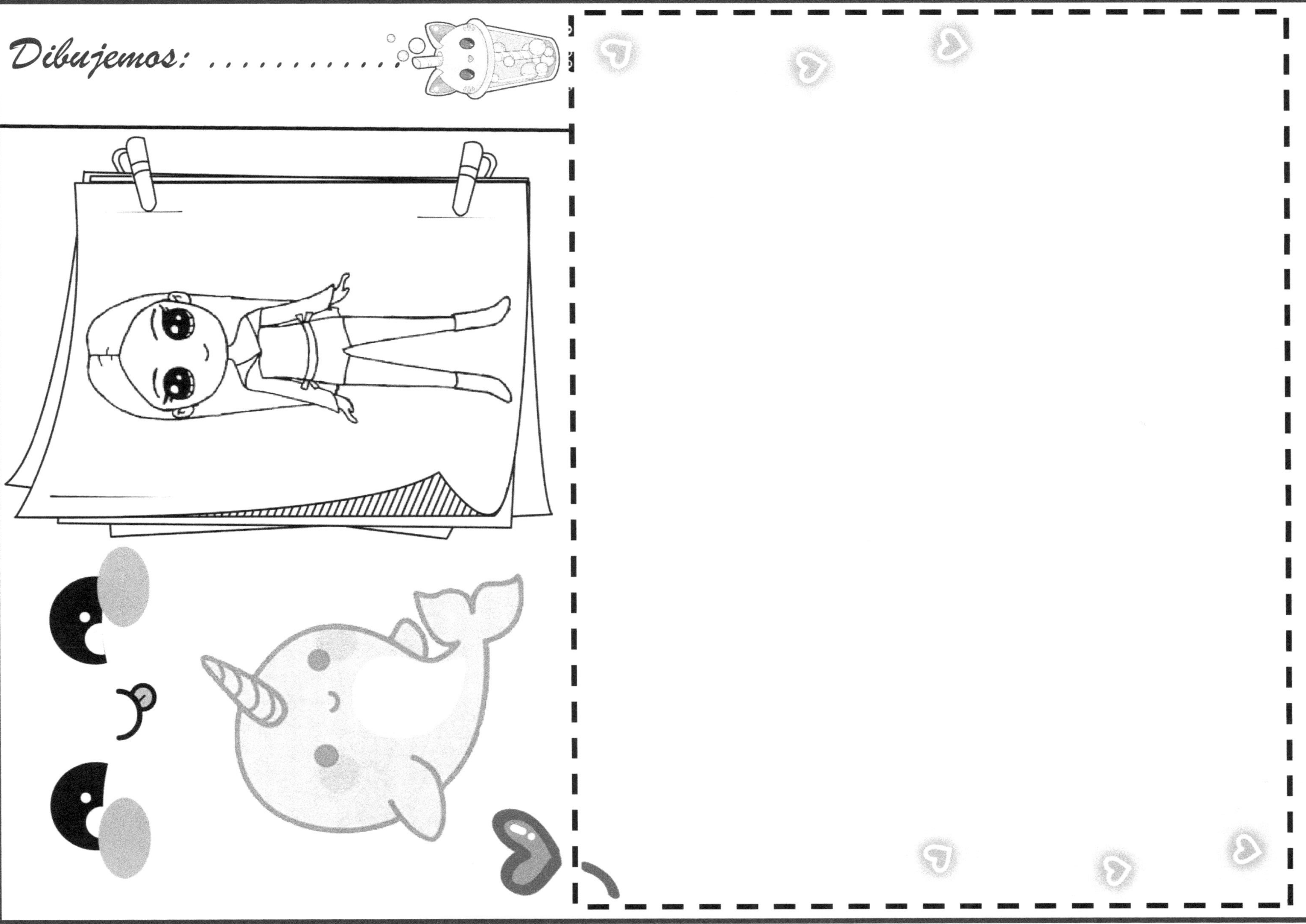

Dibujemos: . . . .

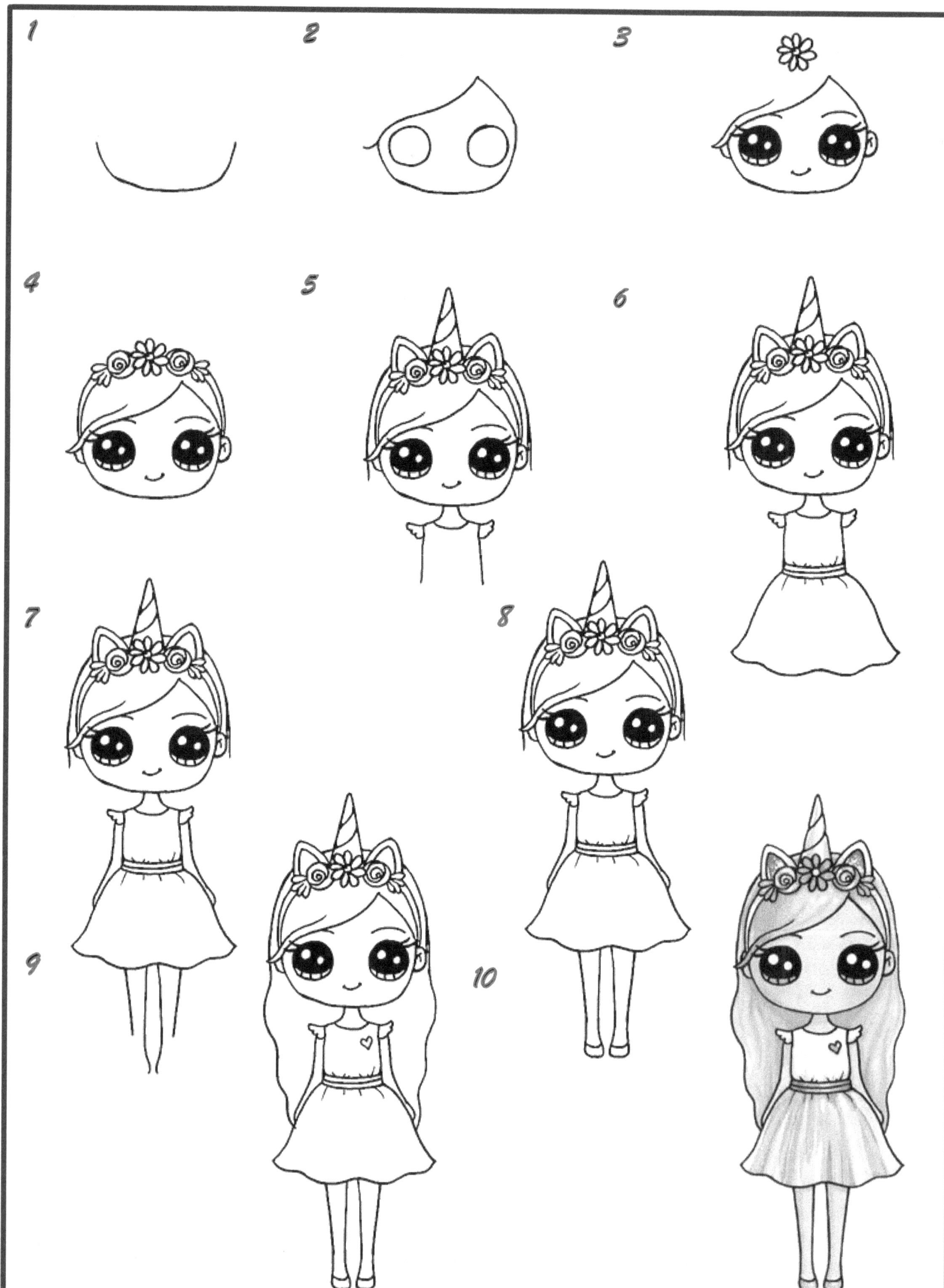

1
2
3
4
5
6
7
8
9
10

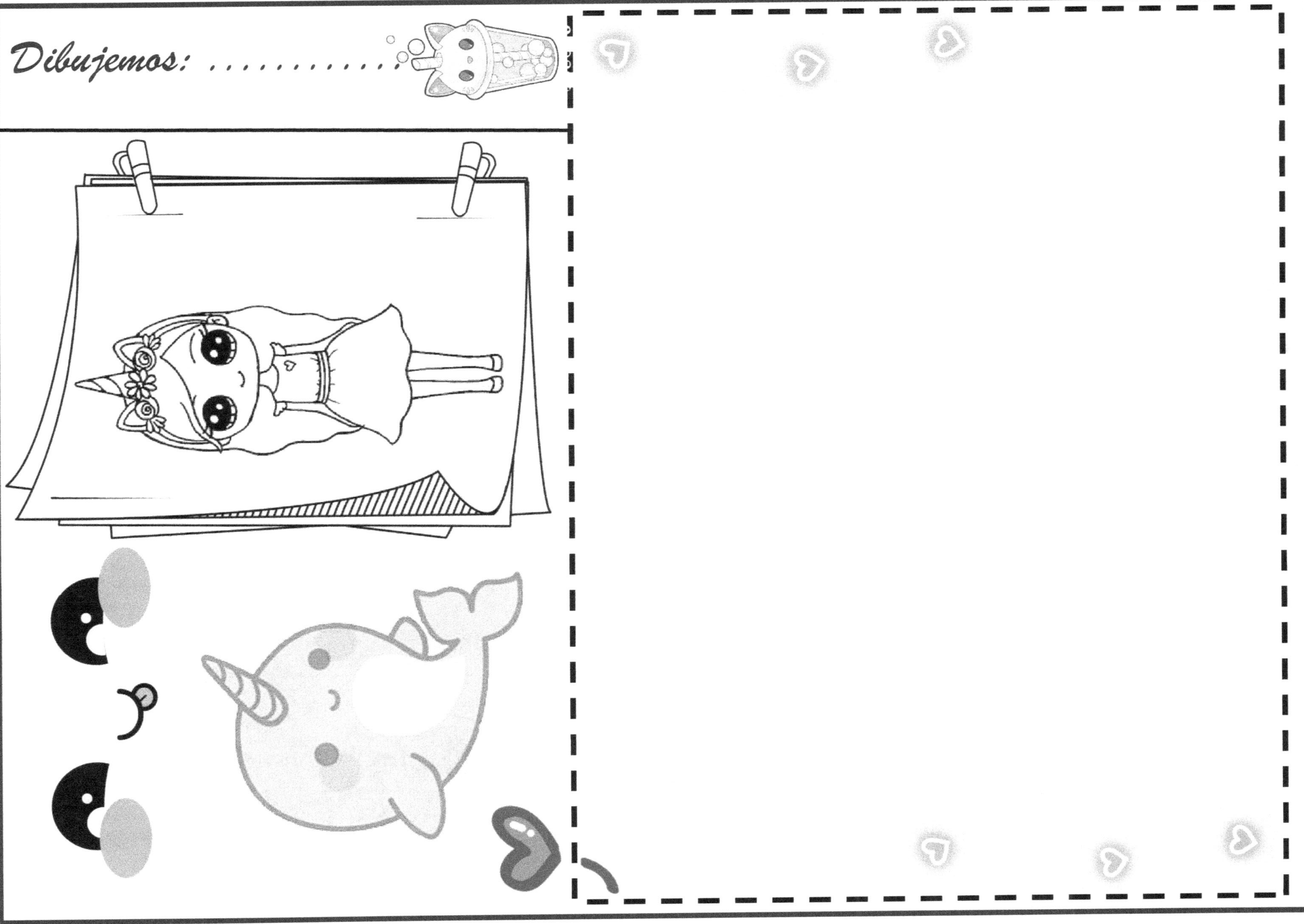

Dibujemos: ....

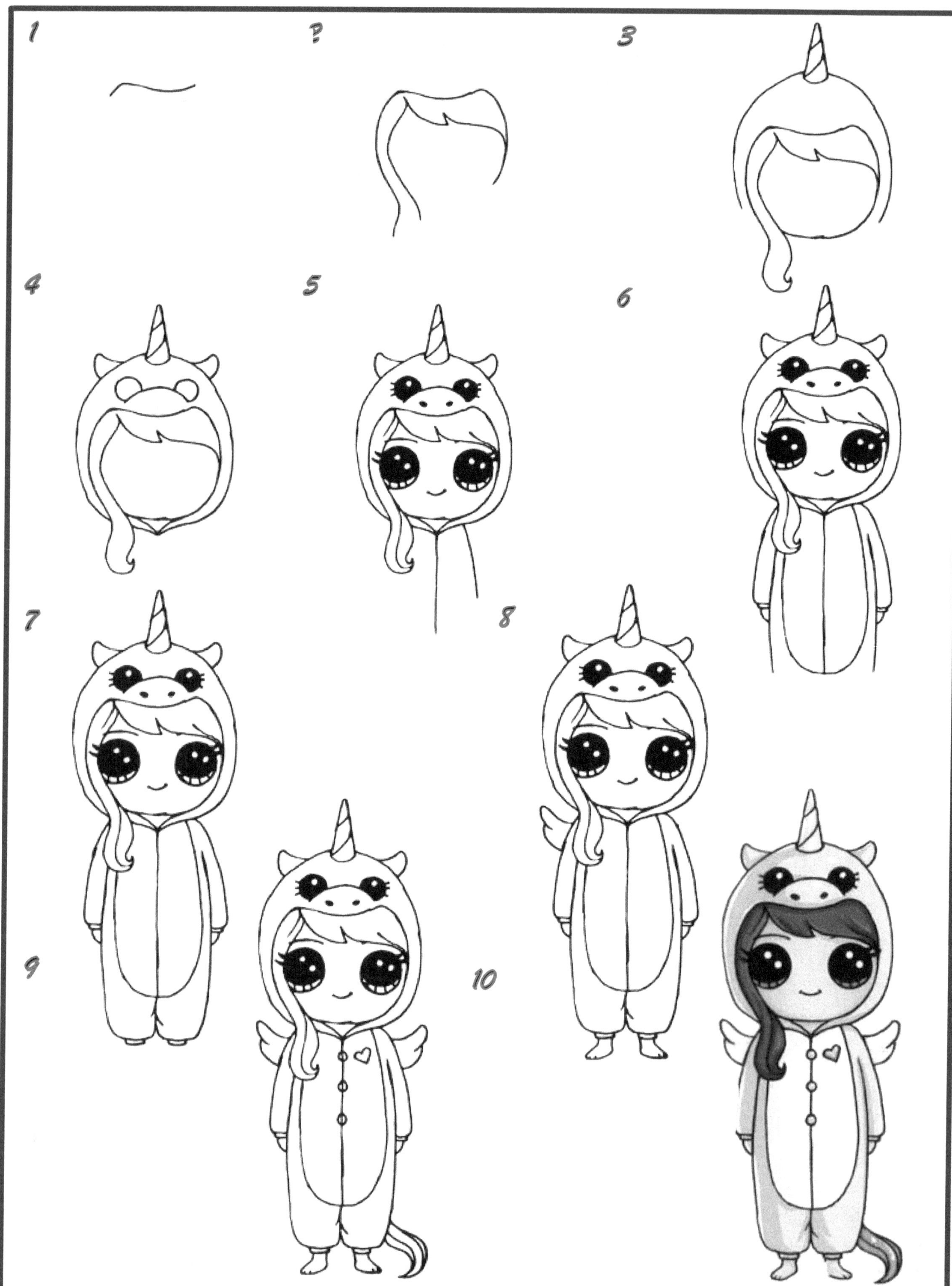

1
2
3
4
5
6
7
8
9
10

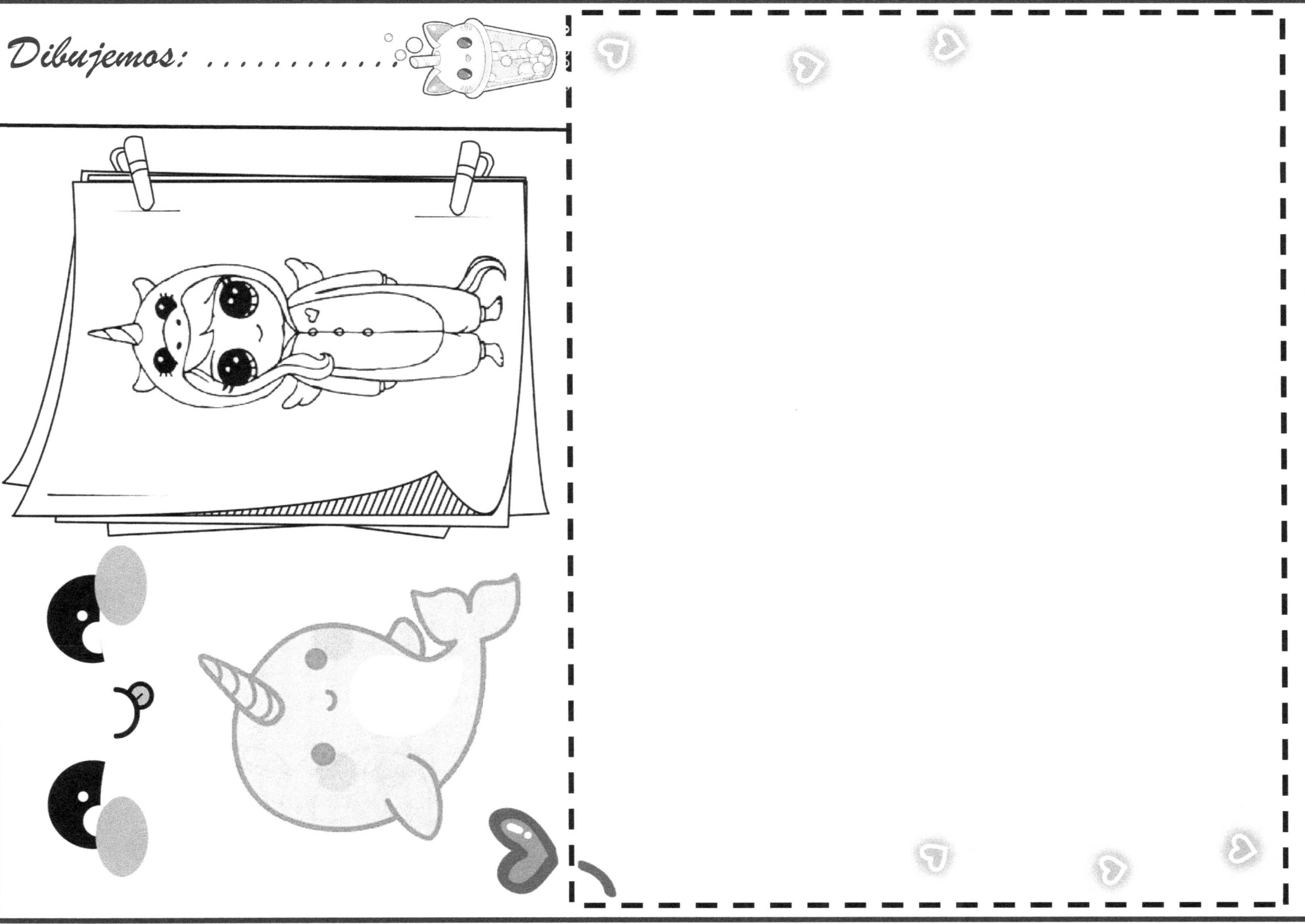

Dibujemos: ....

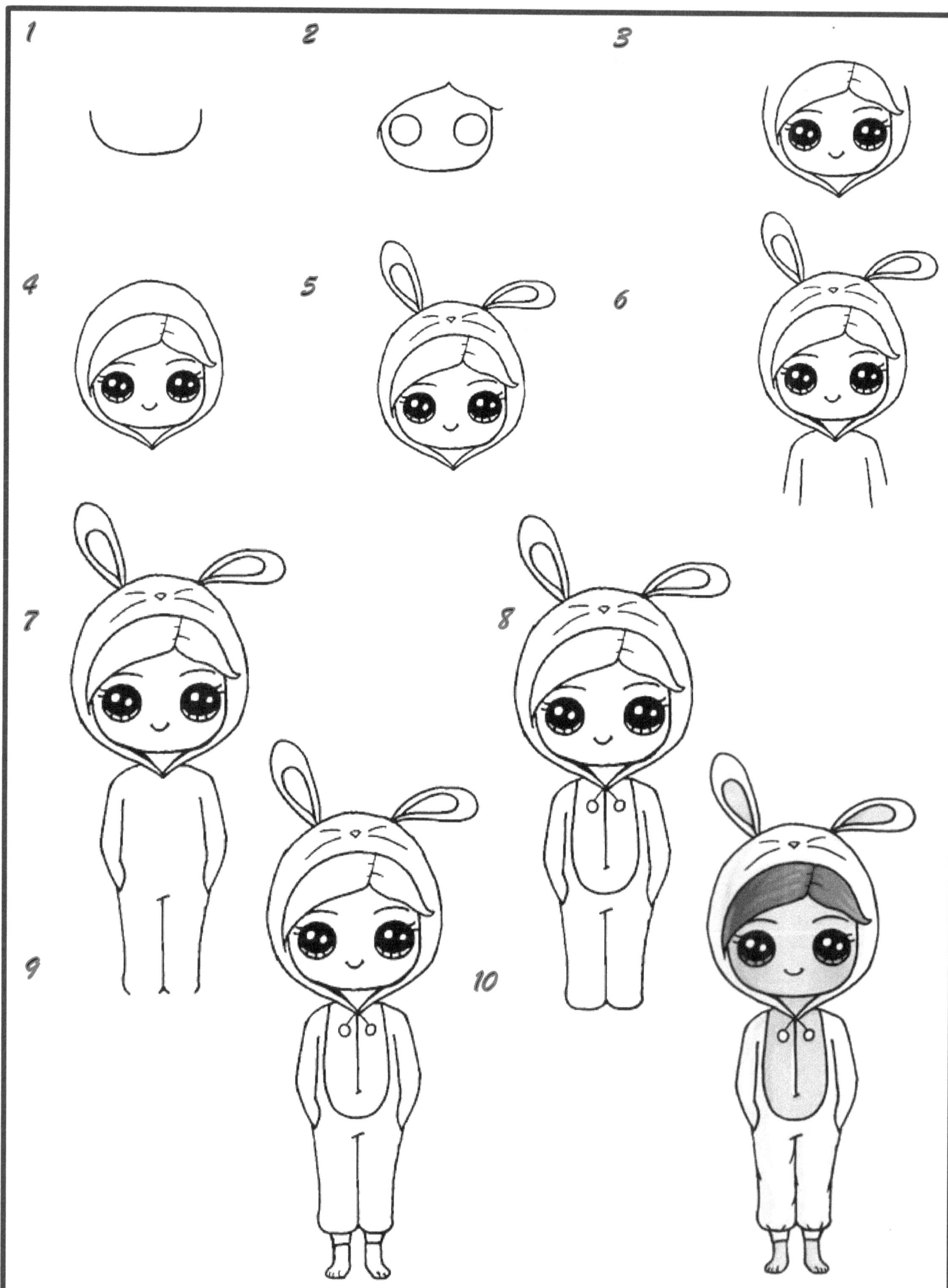

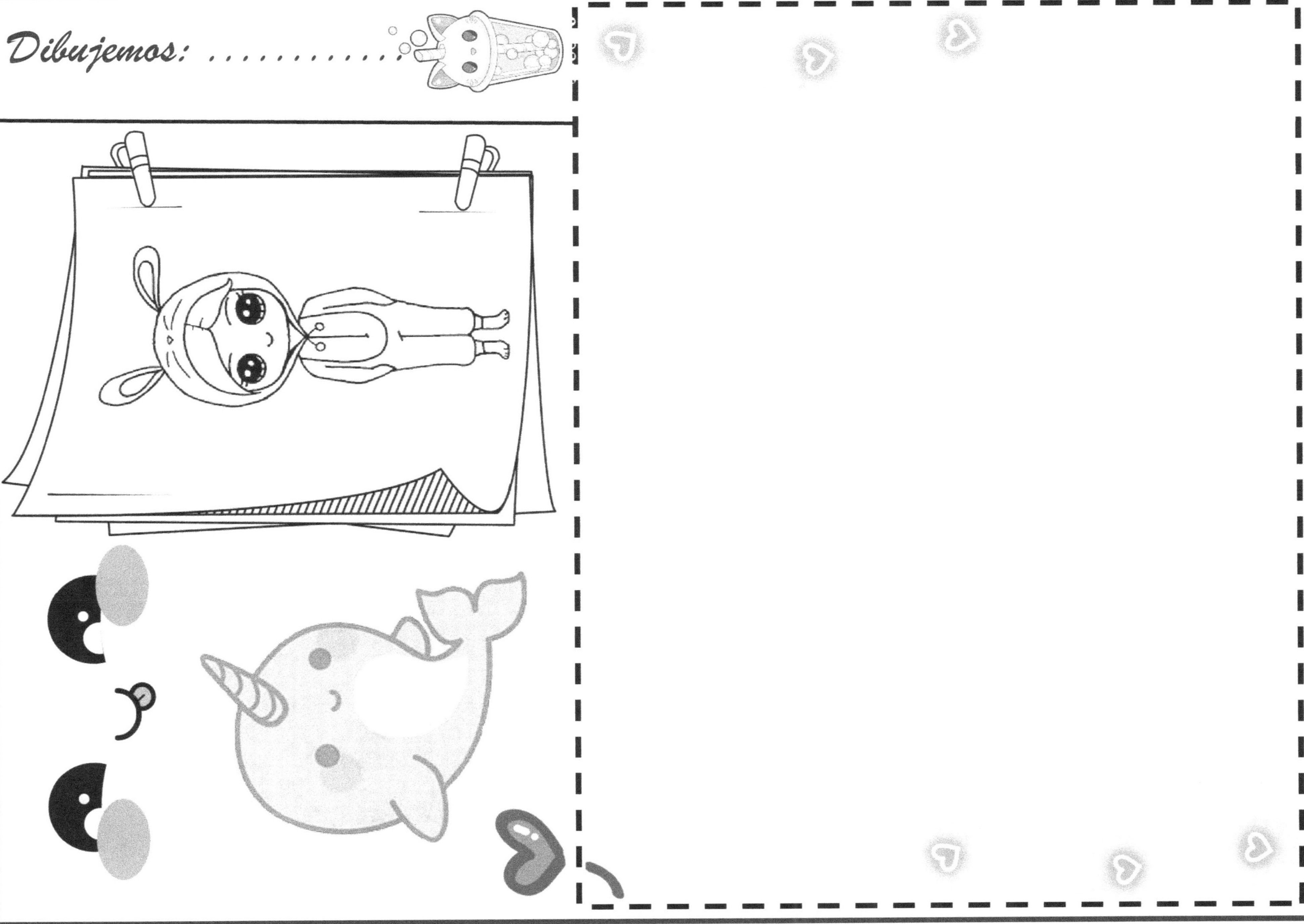

Dibujemos: ....

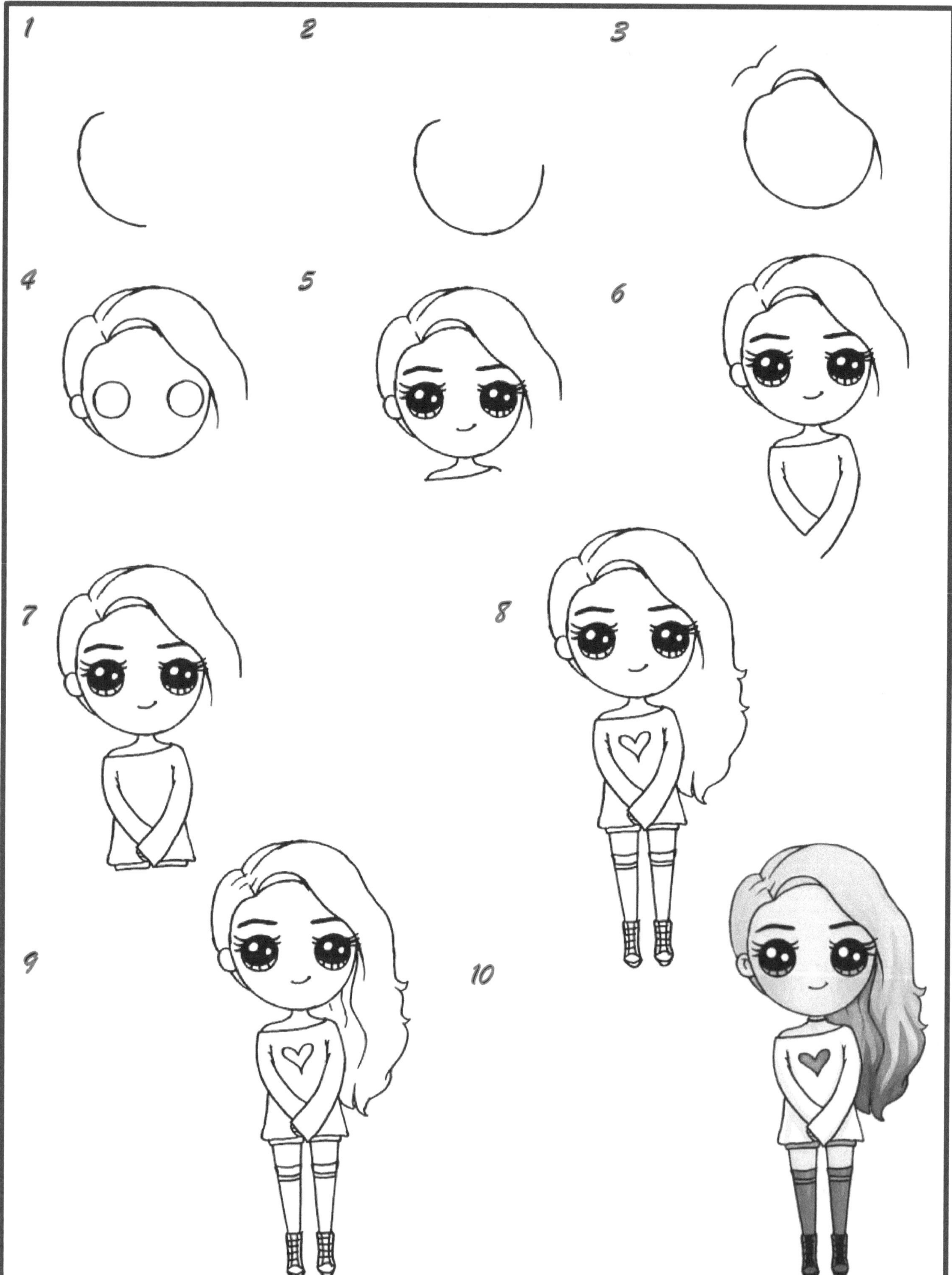

1
2
3
4
5
6
7
8
9
10

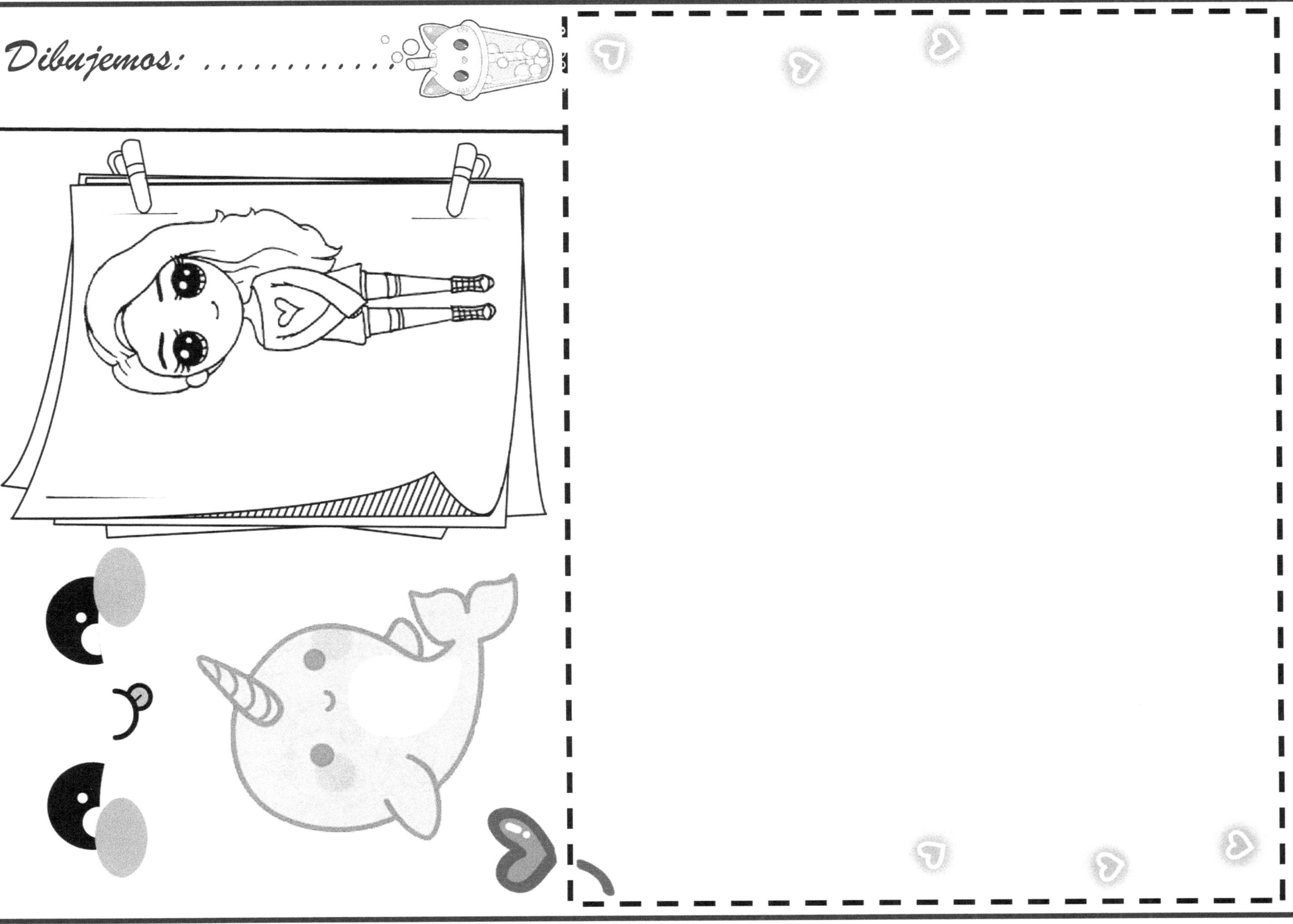

Dibujemos: ....

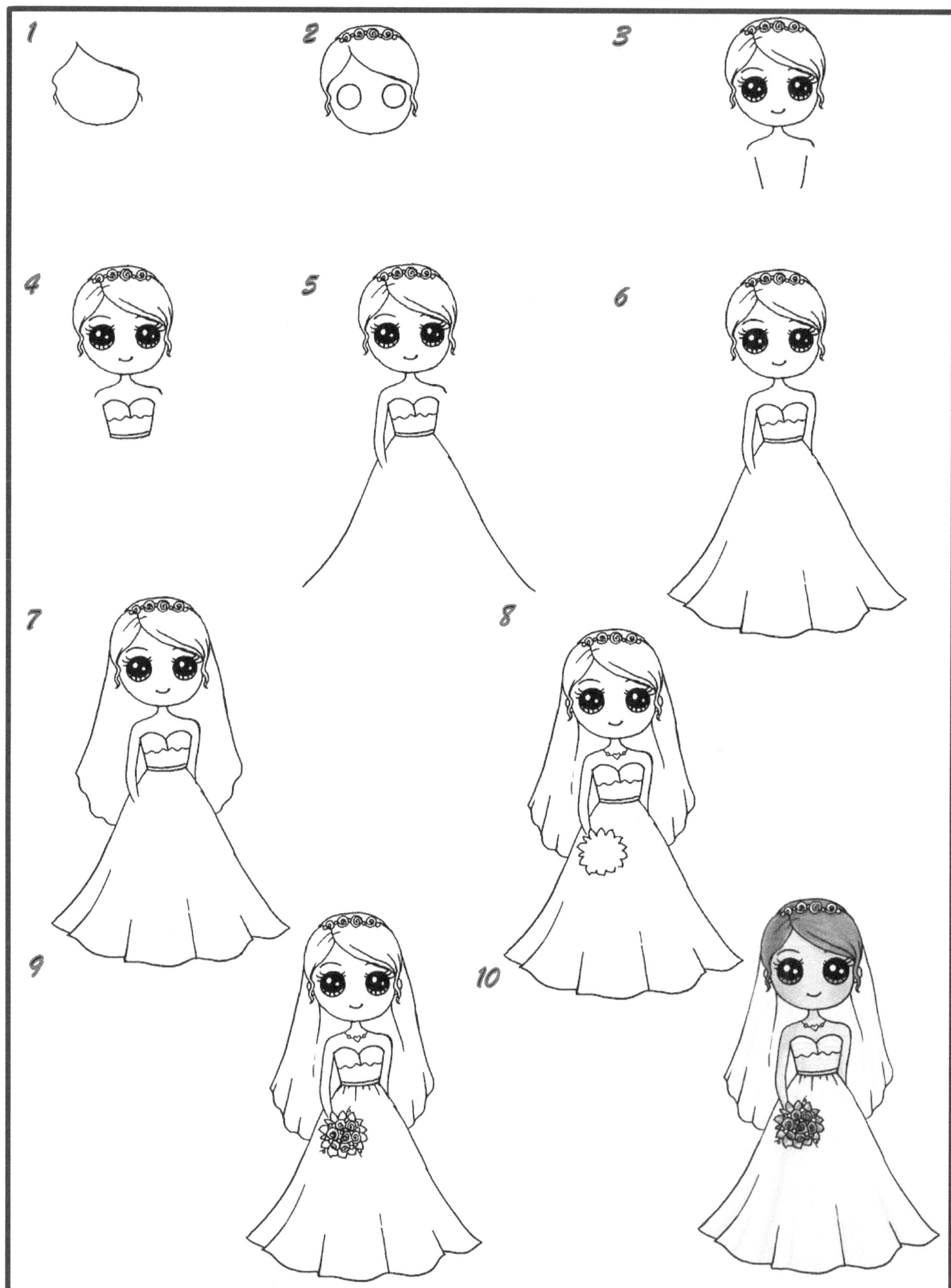

1
2
3
4
5
6
7
8
9
10

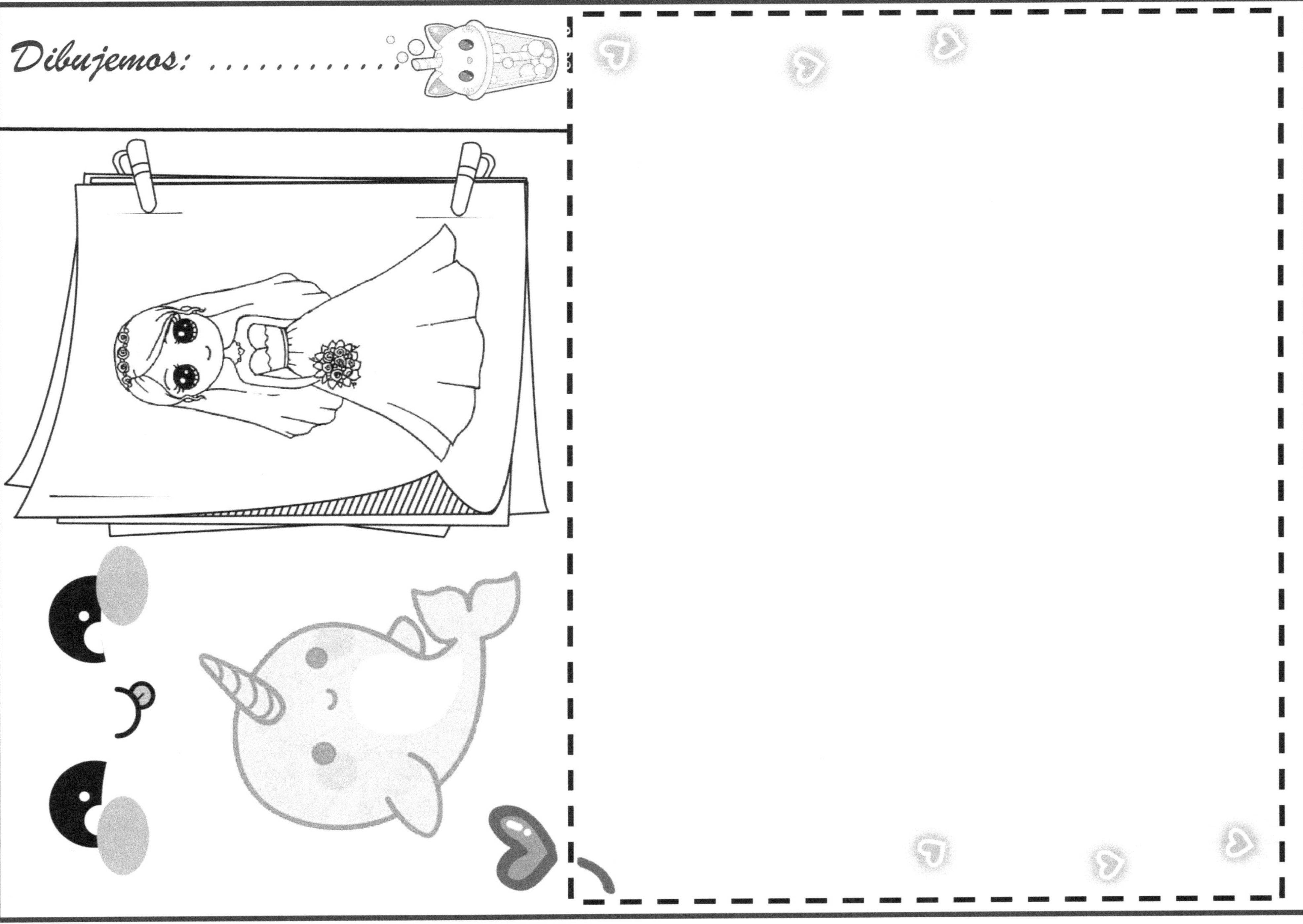
Dibujemos: ....

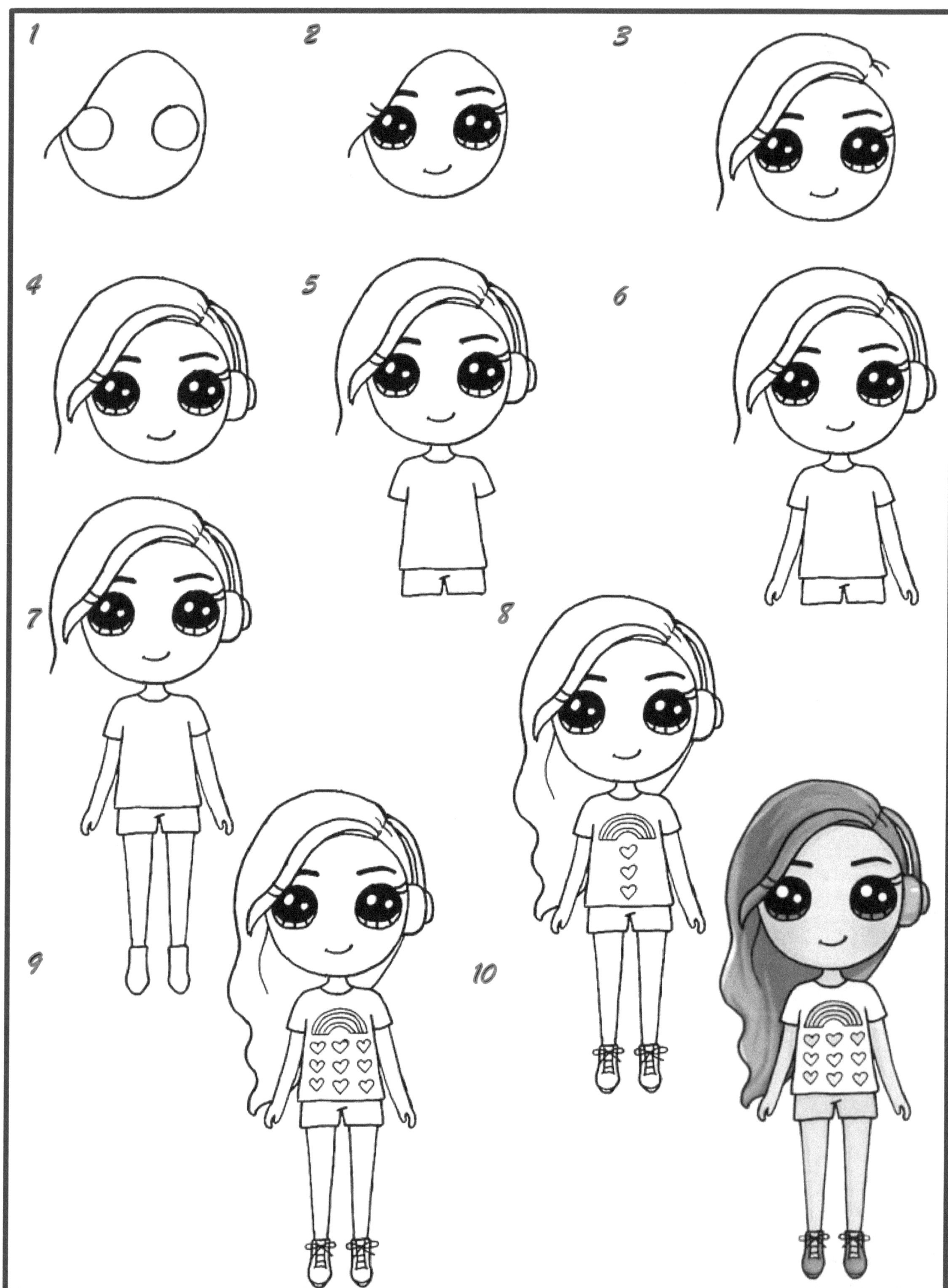

1
2
3
4
5
6
7
8
9
10

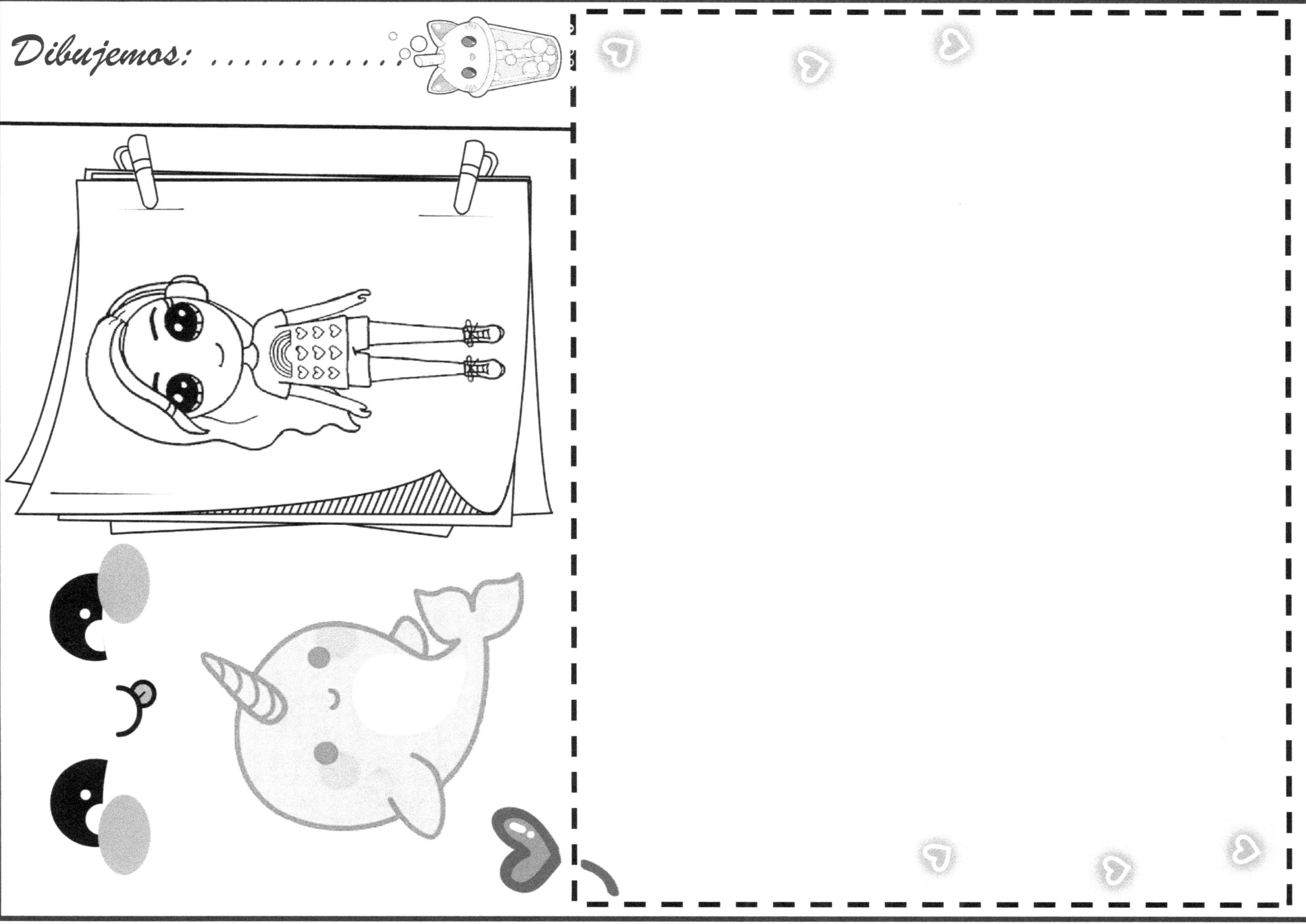

Dibujemos: ....

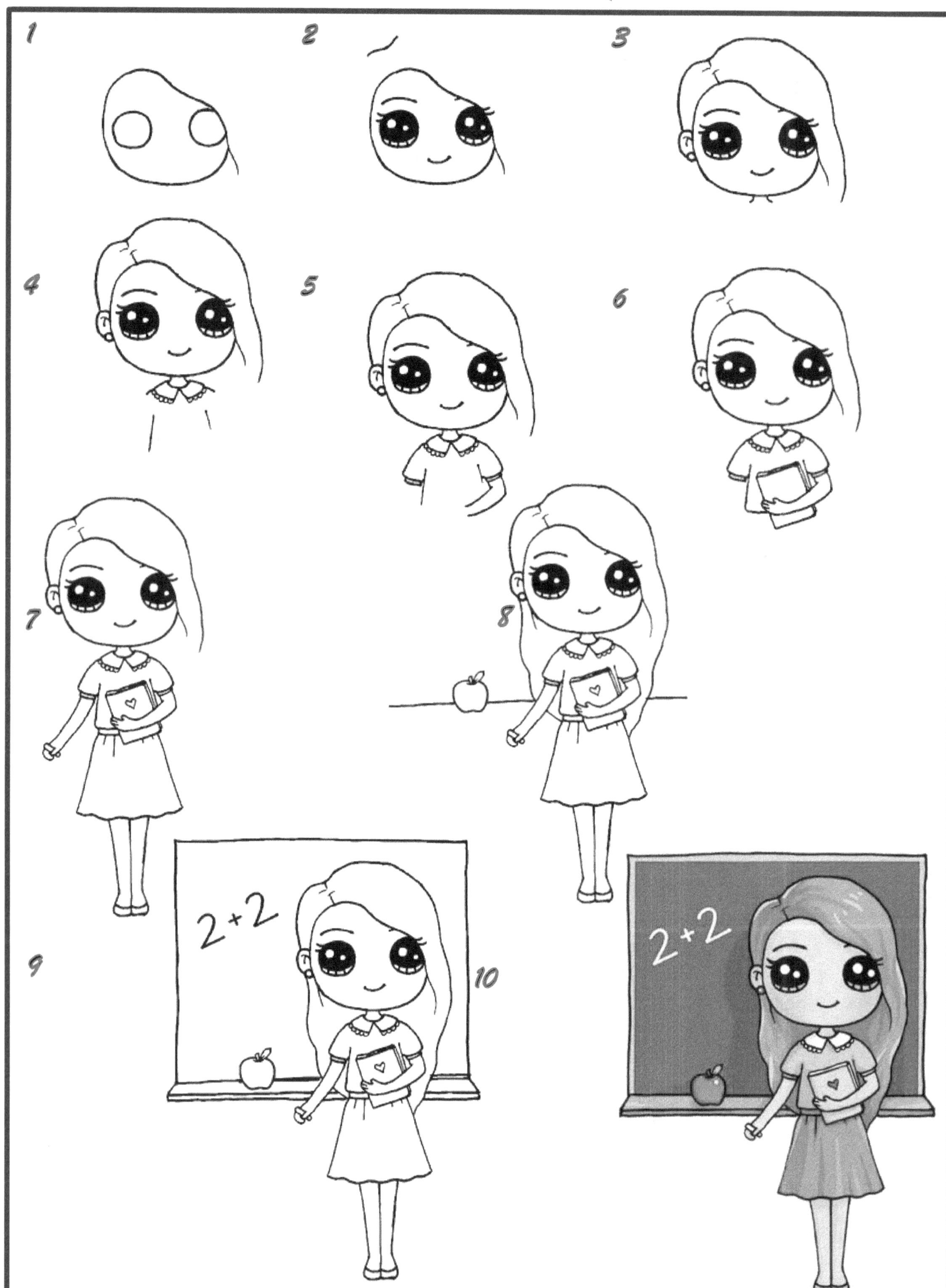

1
2
3
4
5
6
7
8
9
2+2
10
2+2

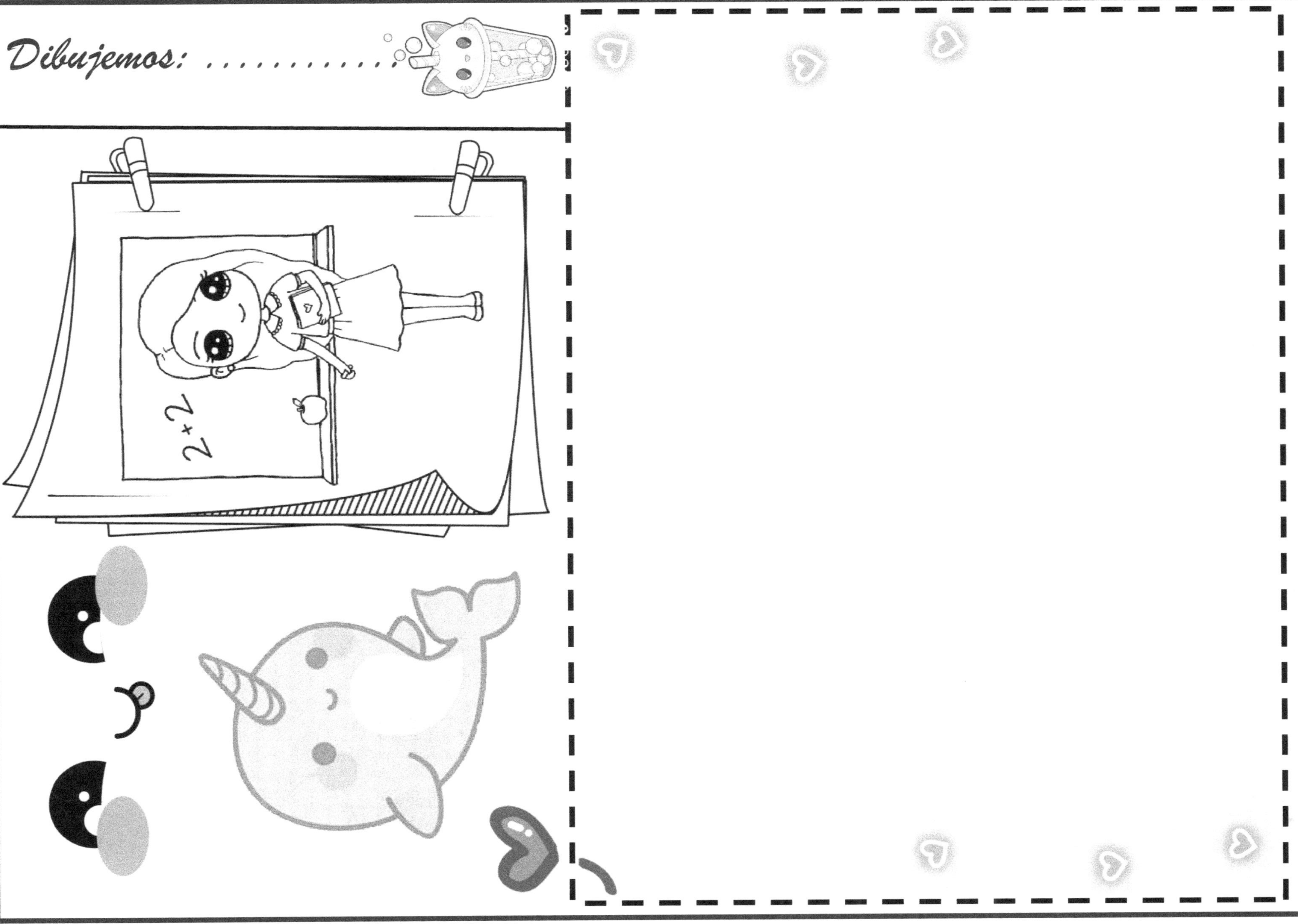

Dibujemos: ....

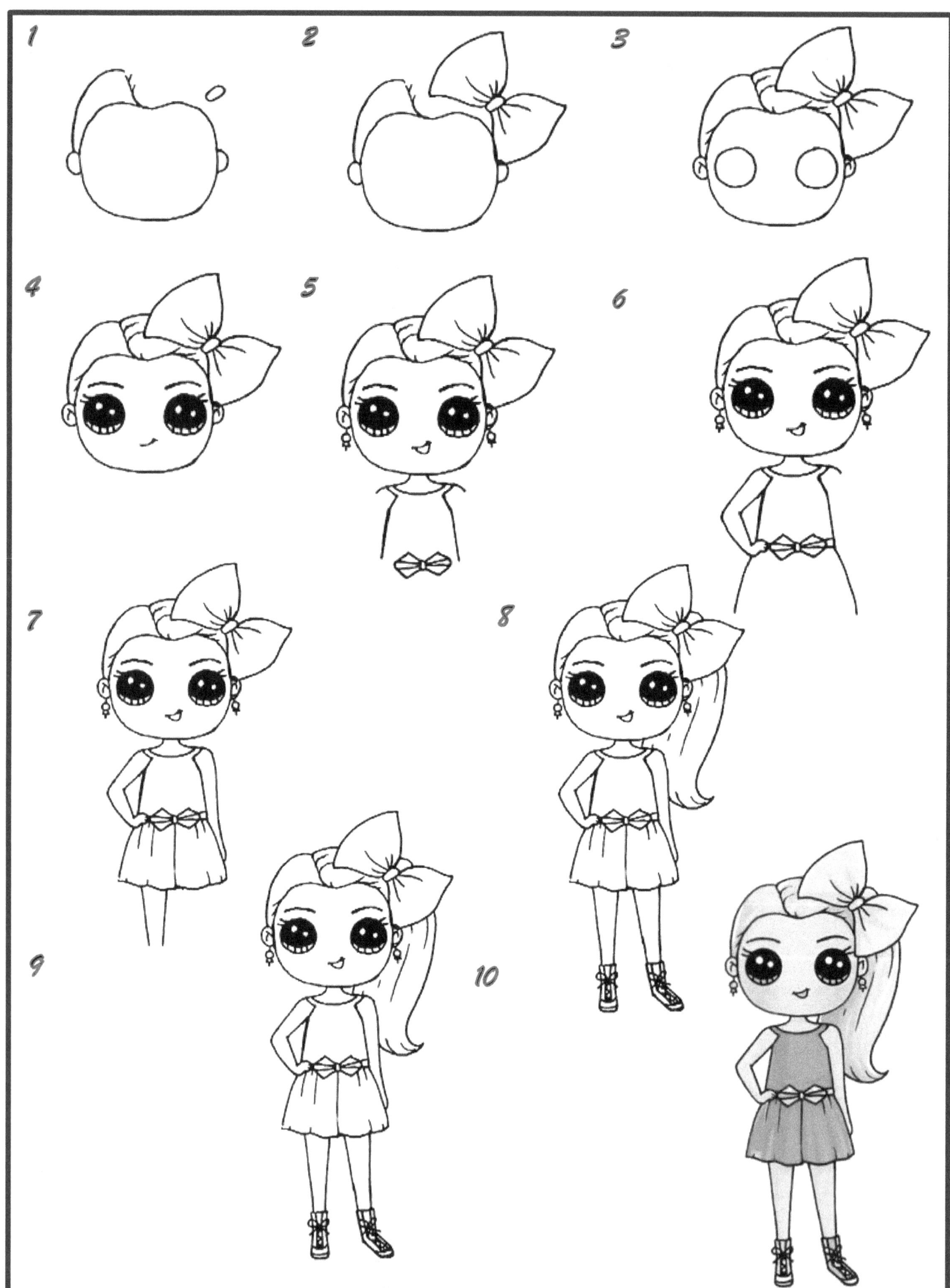

1
2
3
4
5
6
7
8
9
10

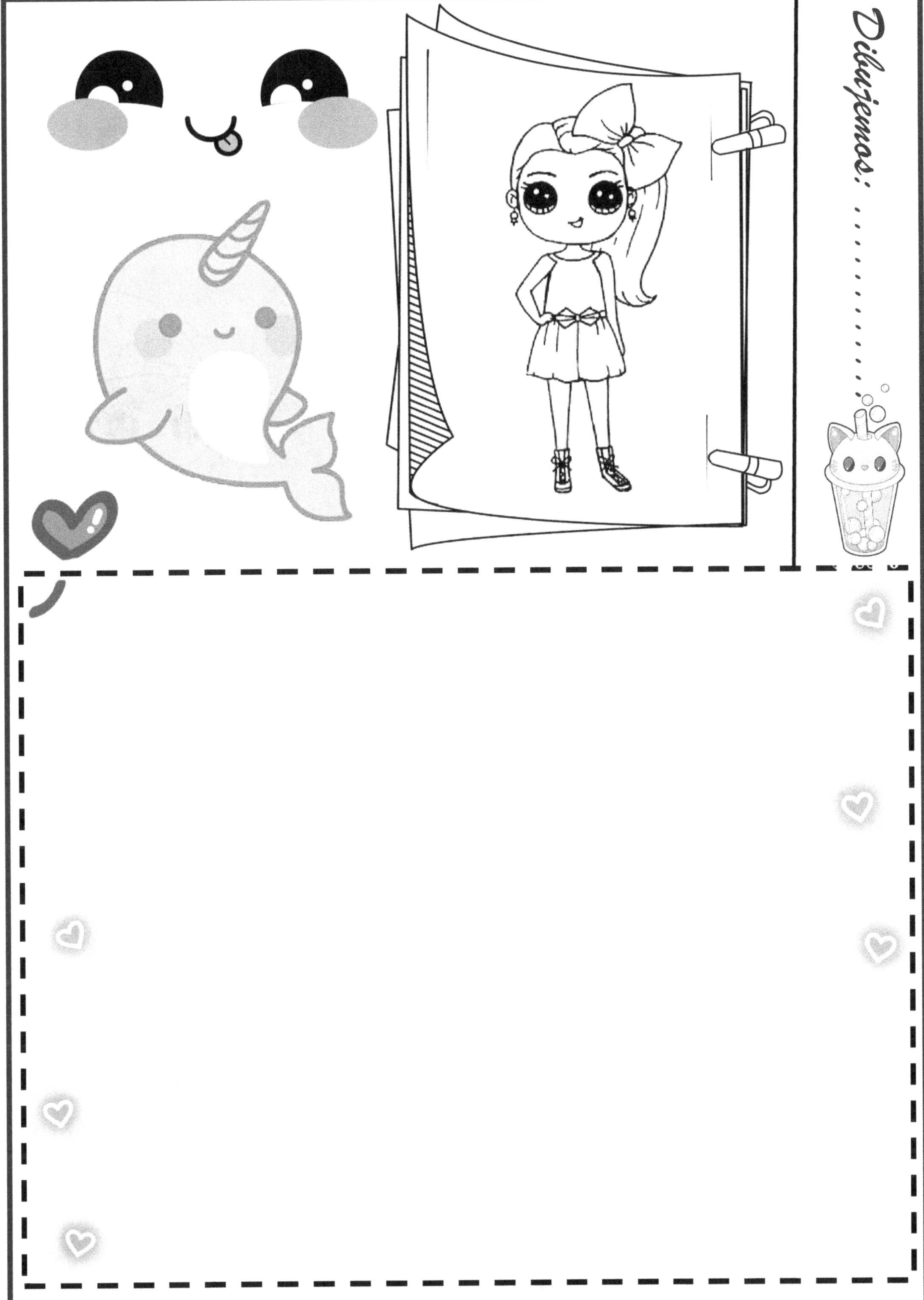

Dibujemos: ....

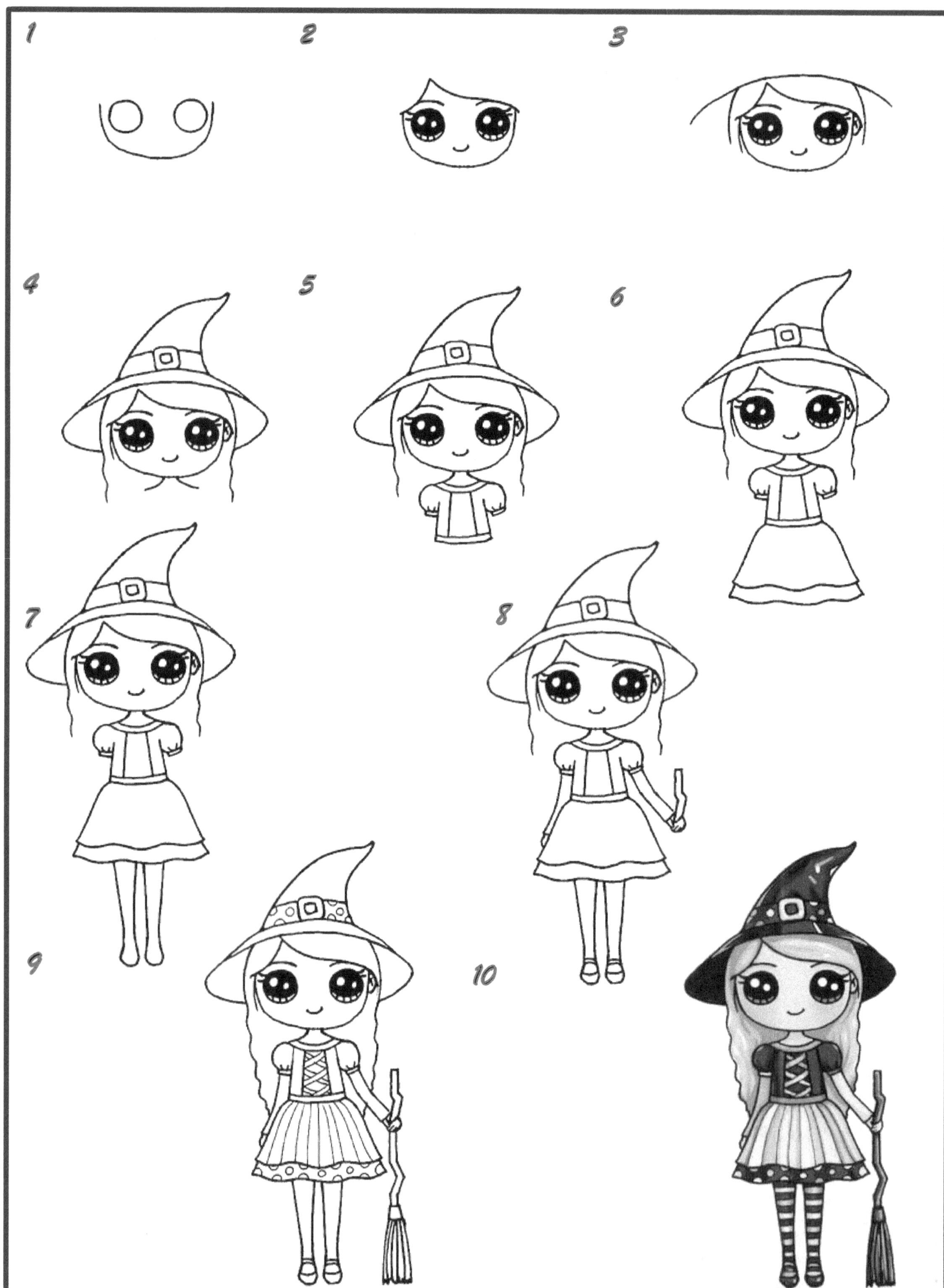

1
2
3
4
5
6
7
8
9
10

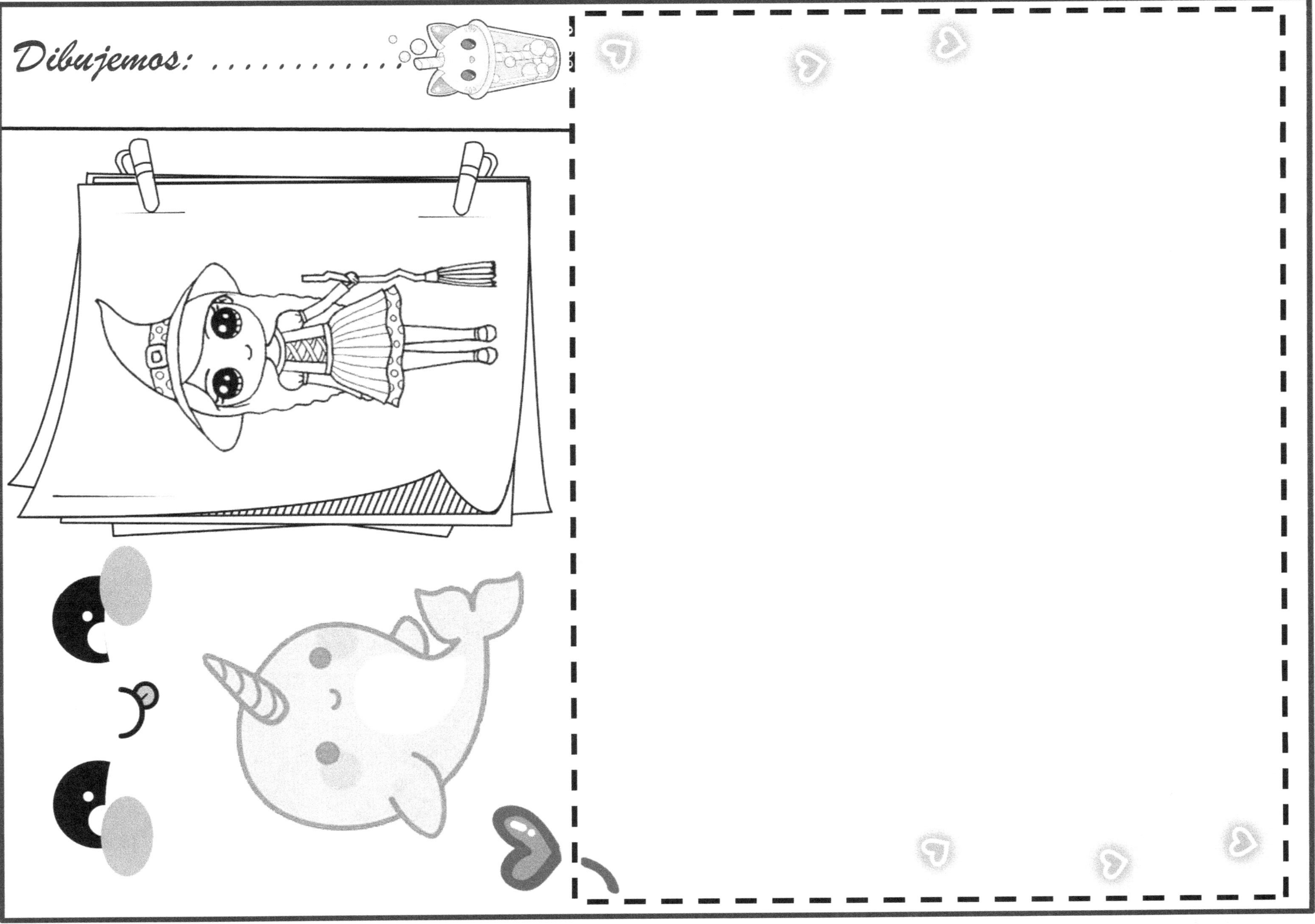

Dibujemos: ....

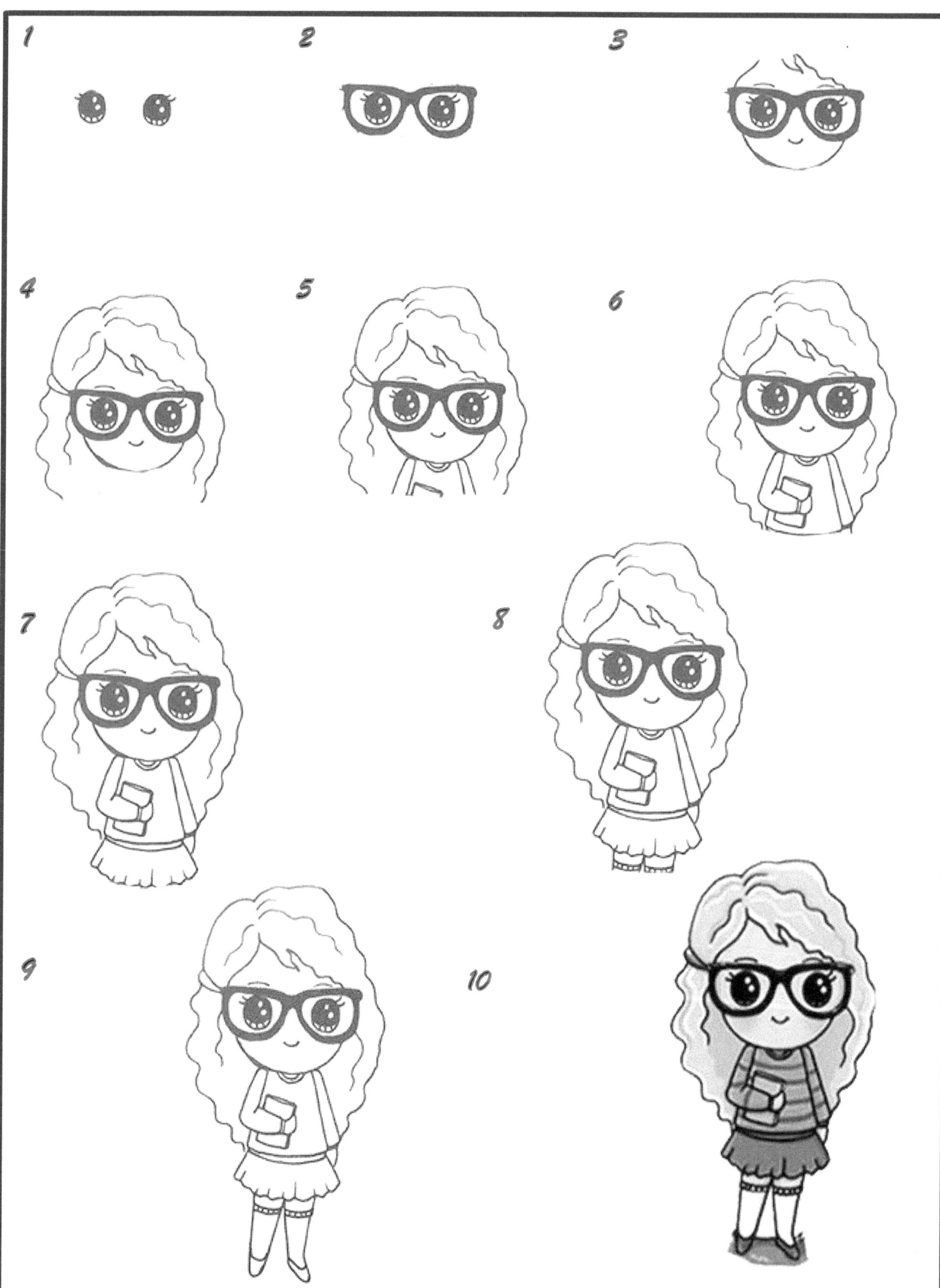

1
2
3
4
5
6
7
8
9
10

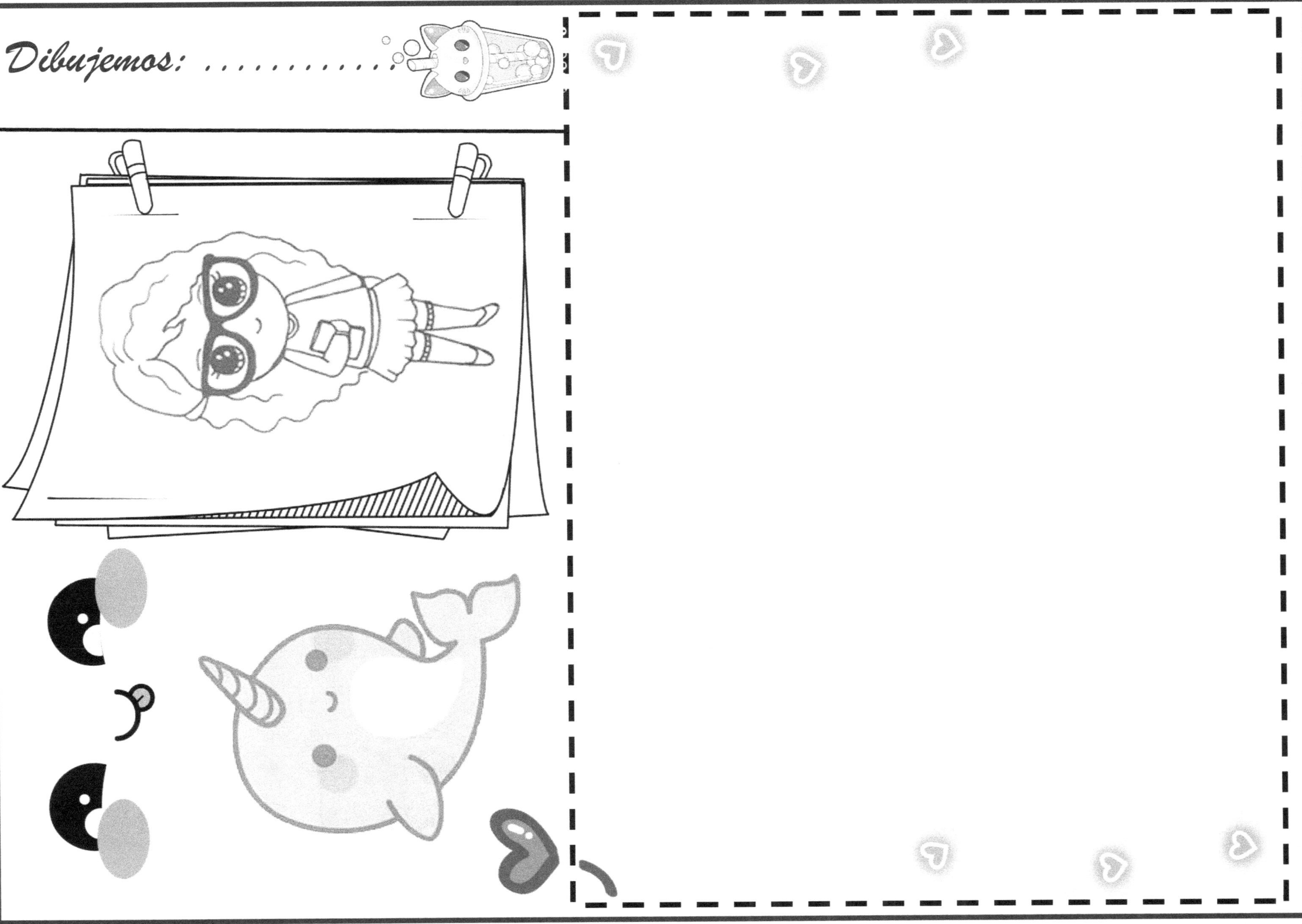

Dibujemos: ....

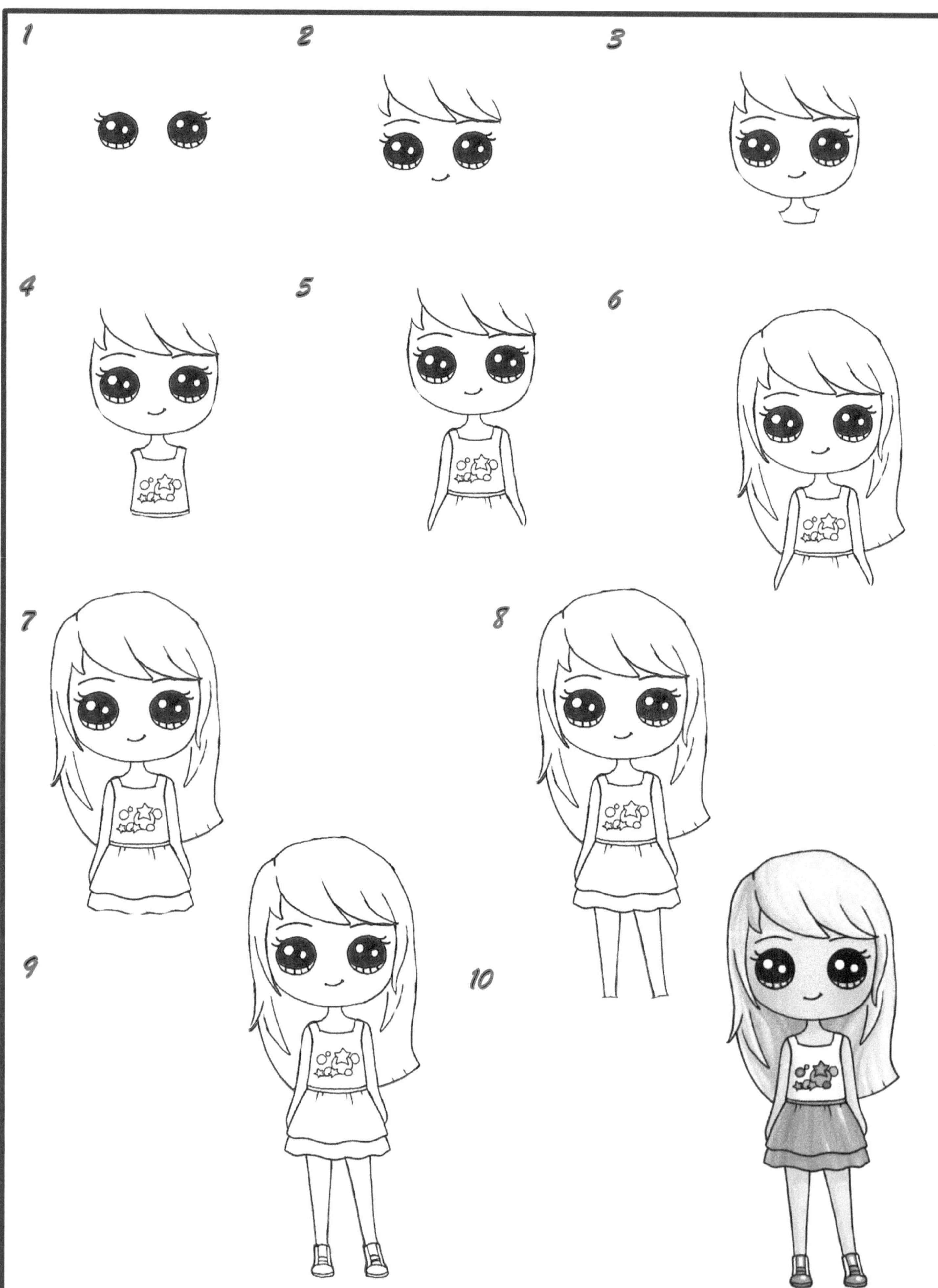

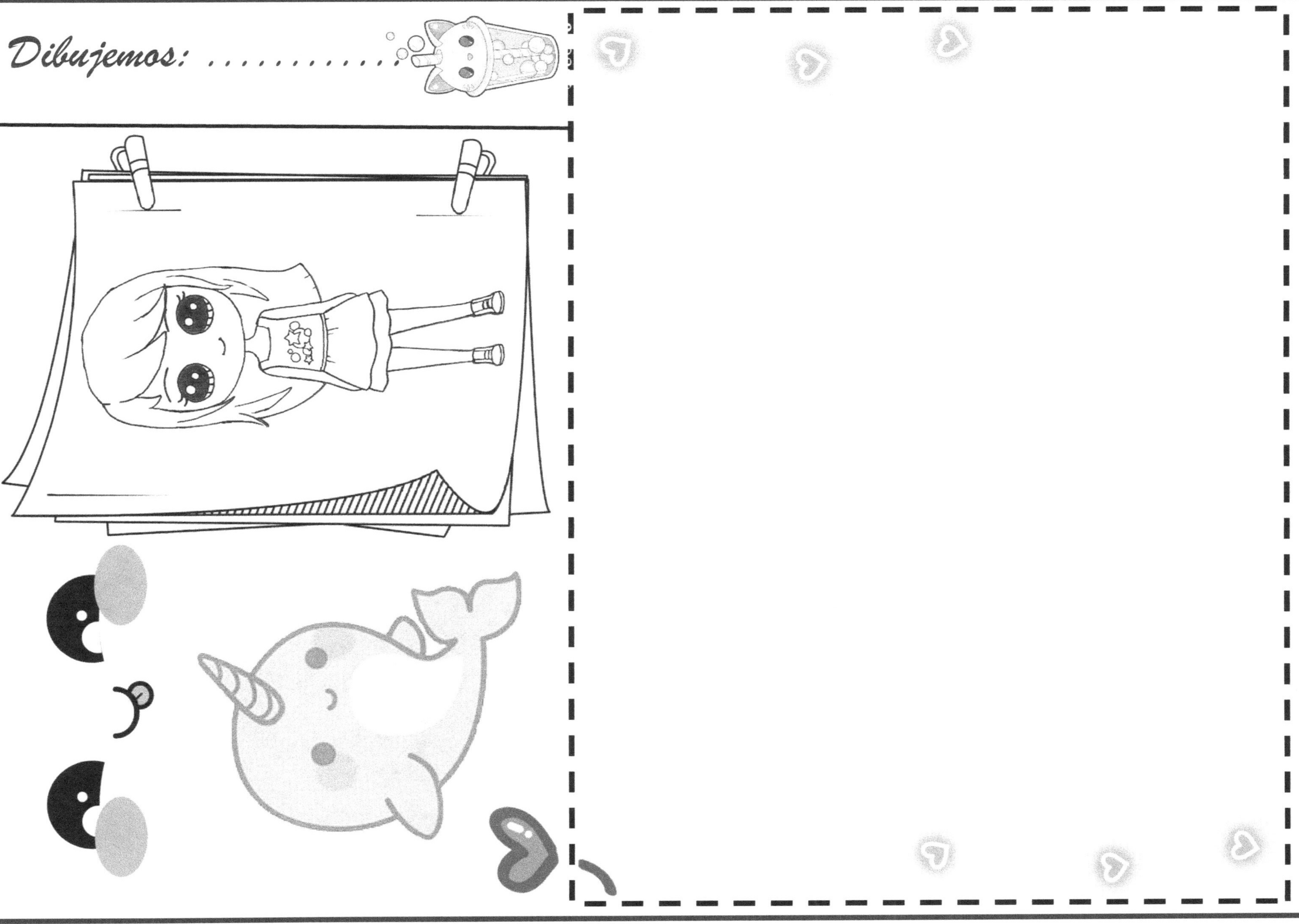

Dibujemos: ....

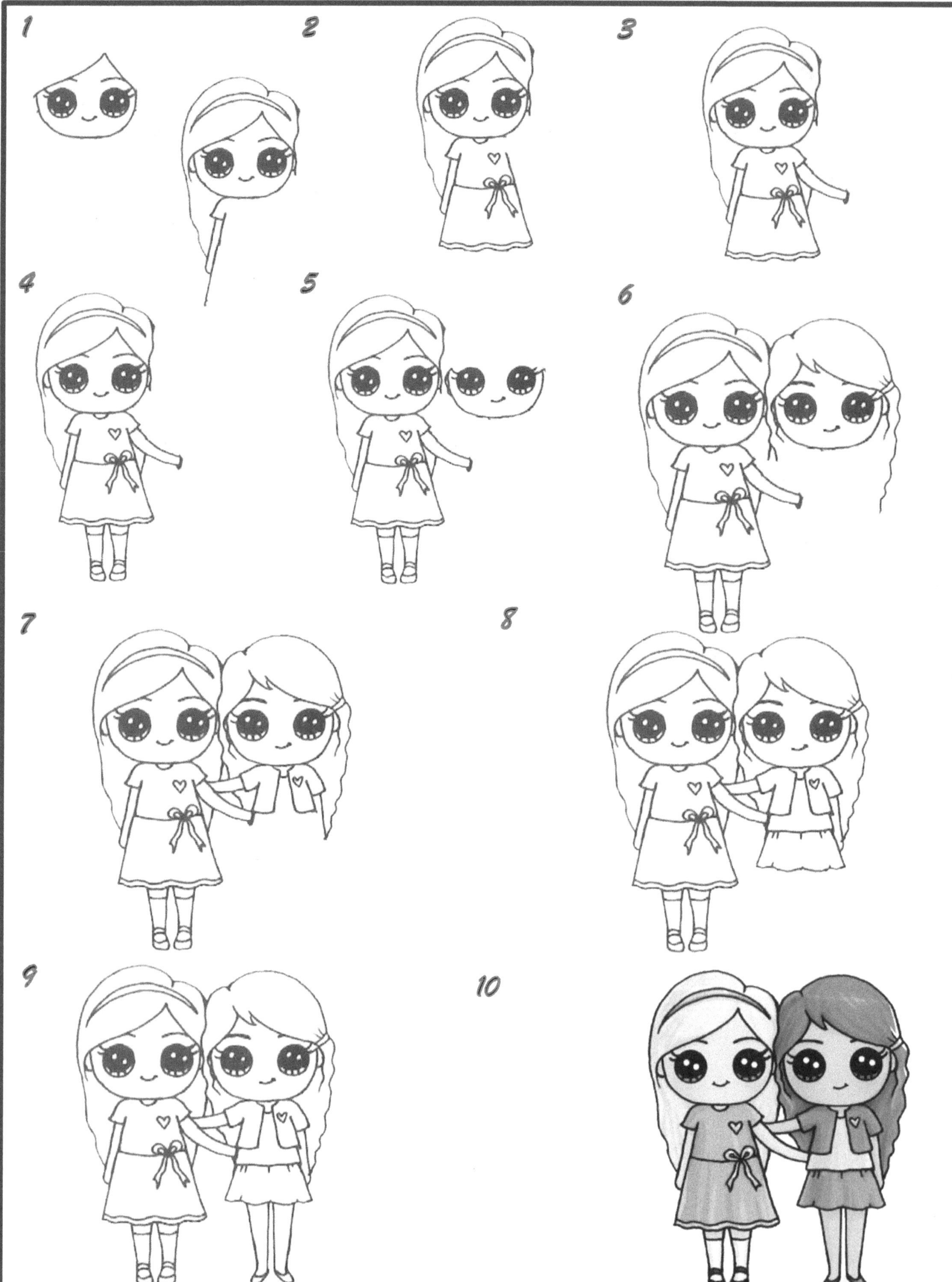

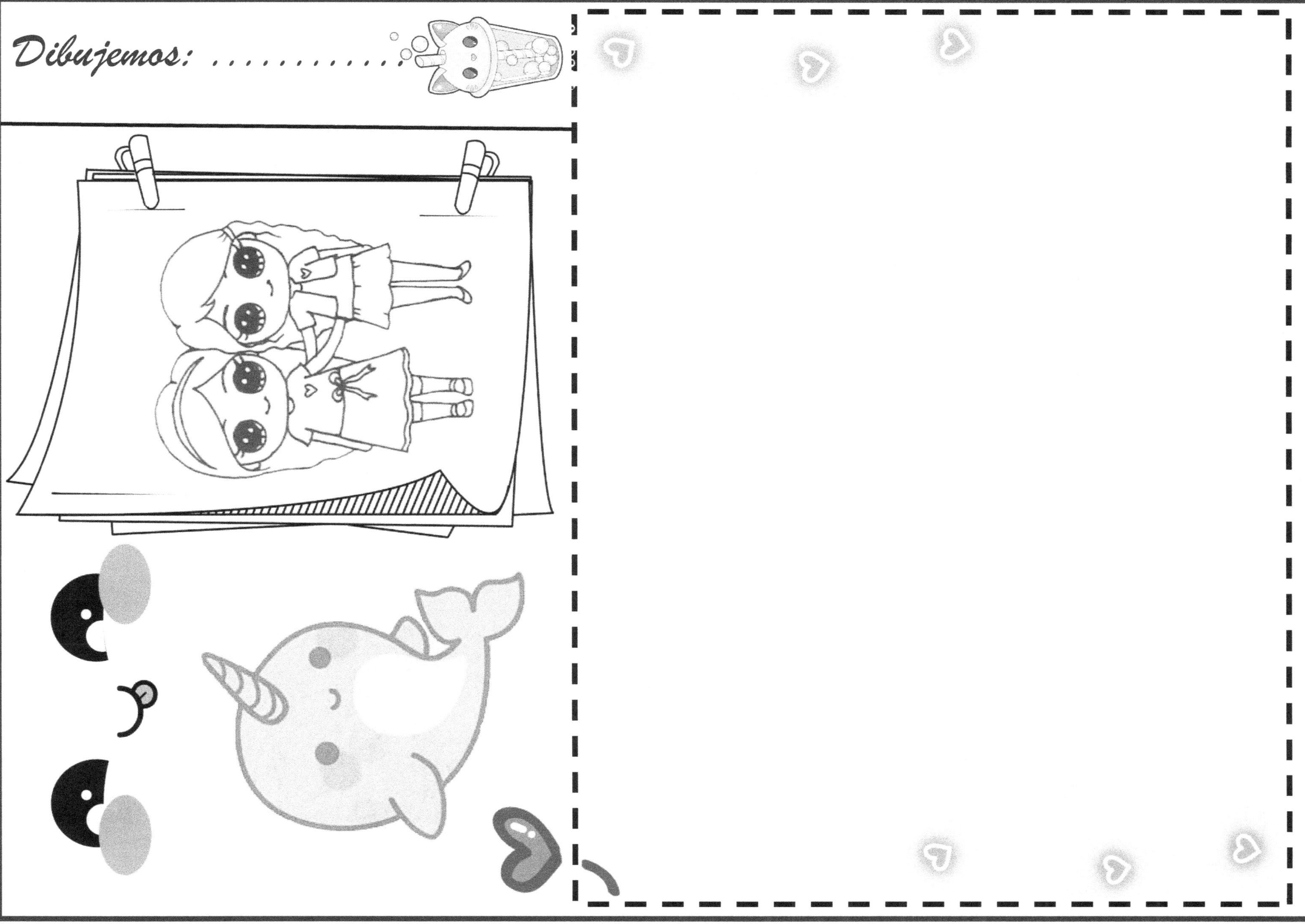

Dibujemos: ....

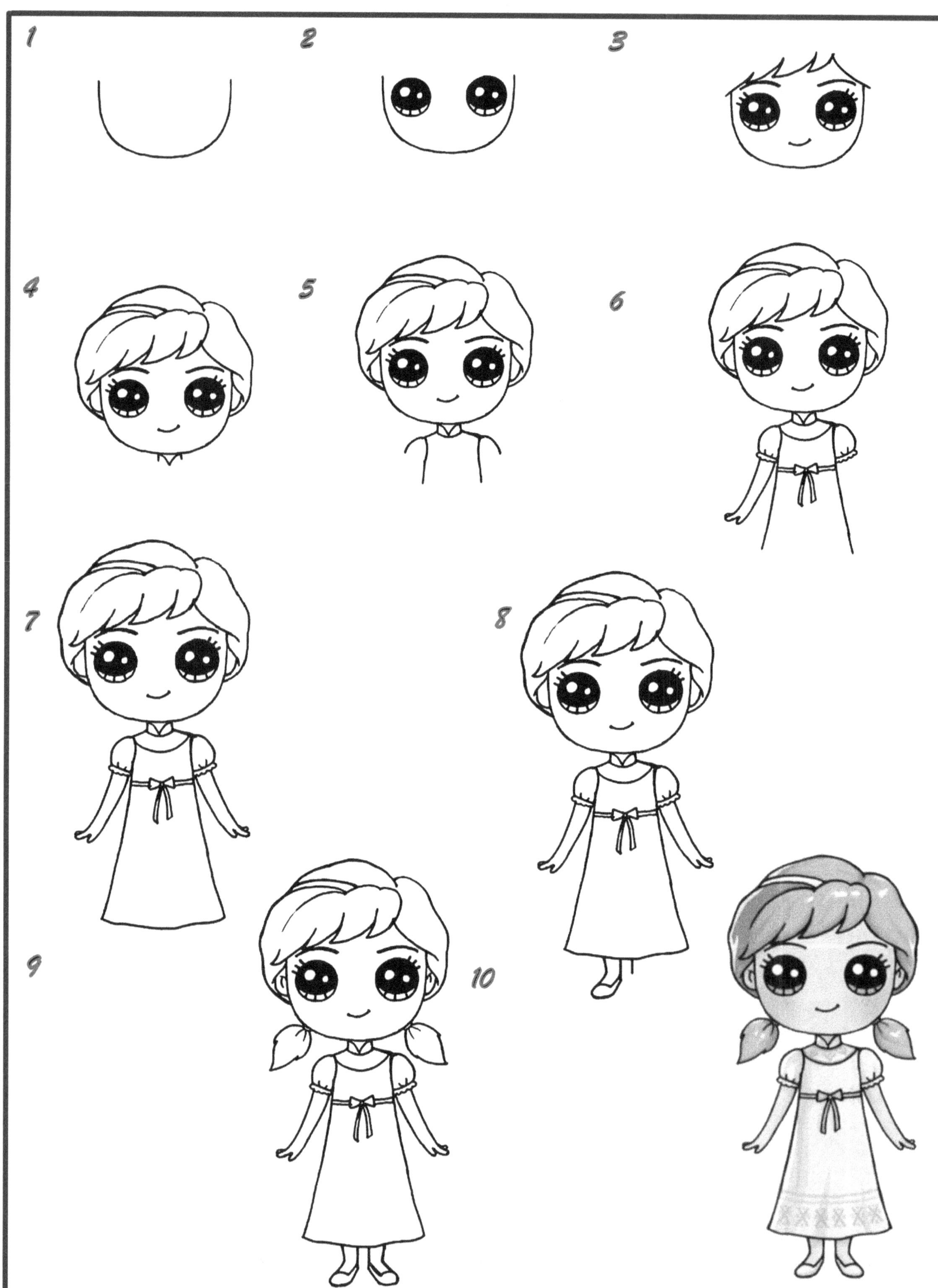

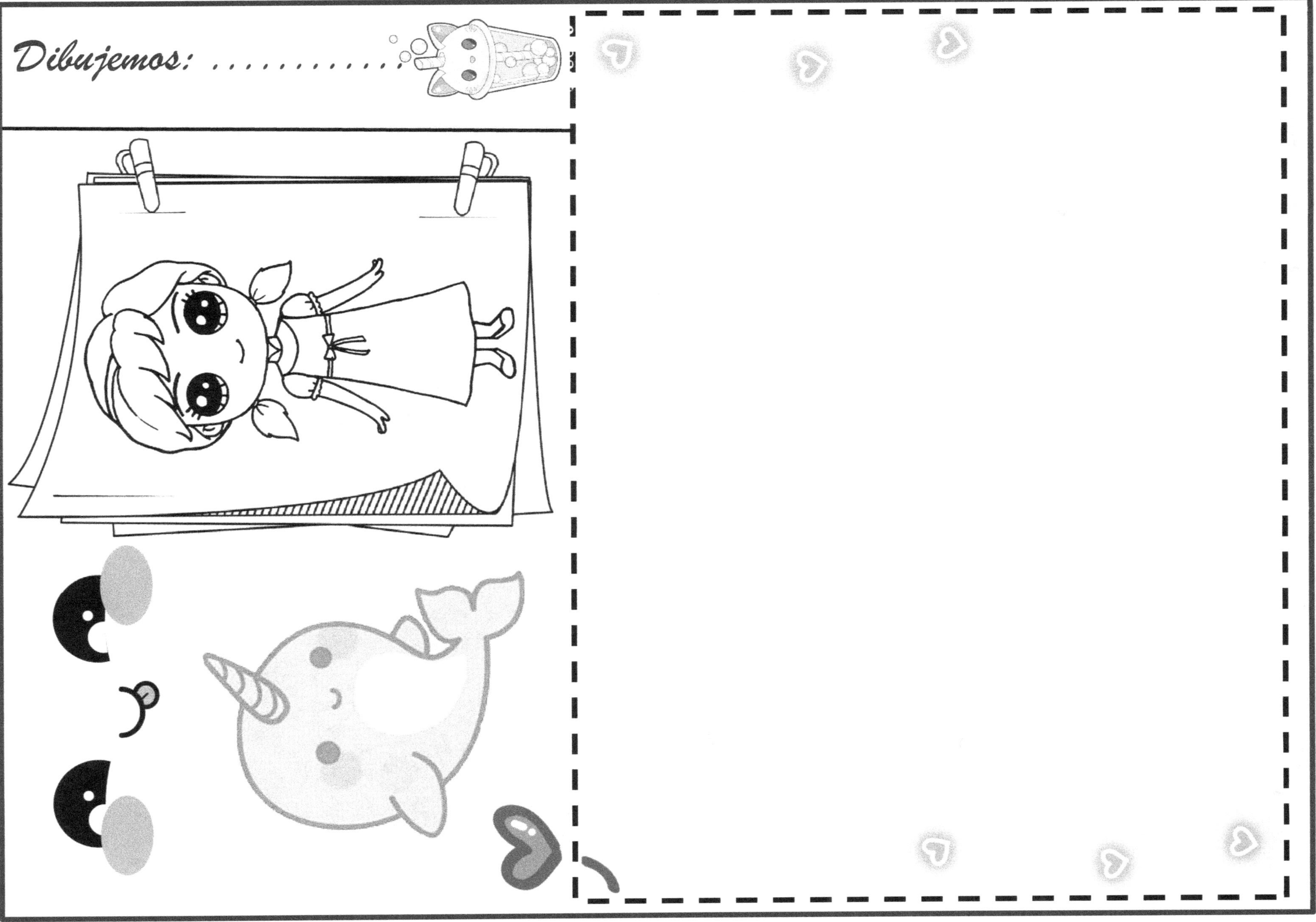
Dibujemos: ....

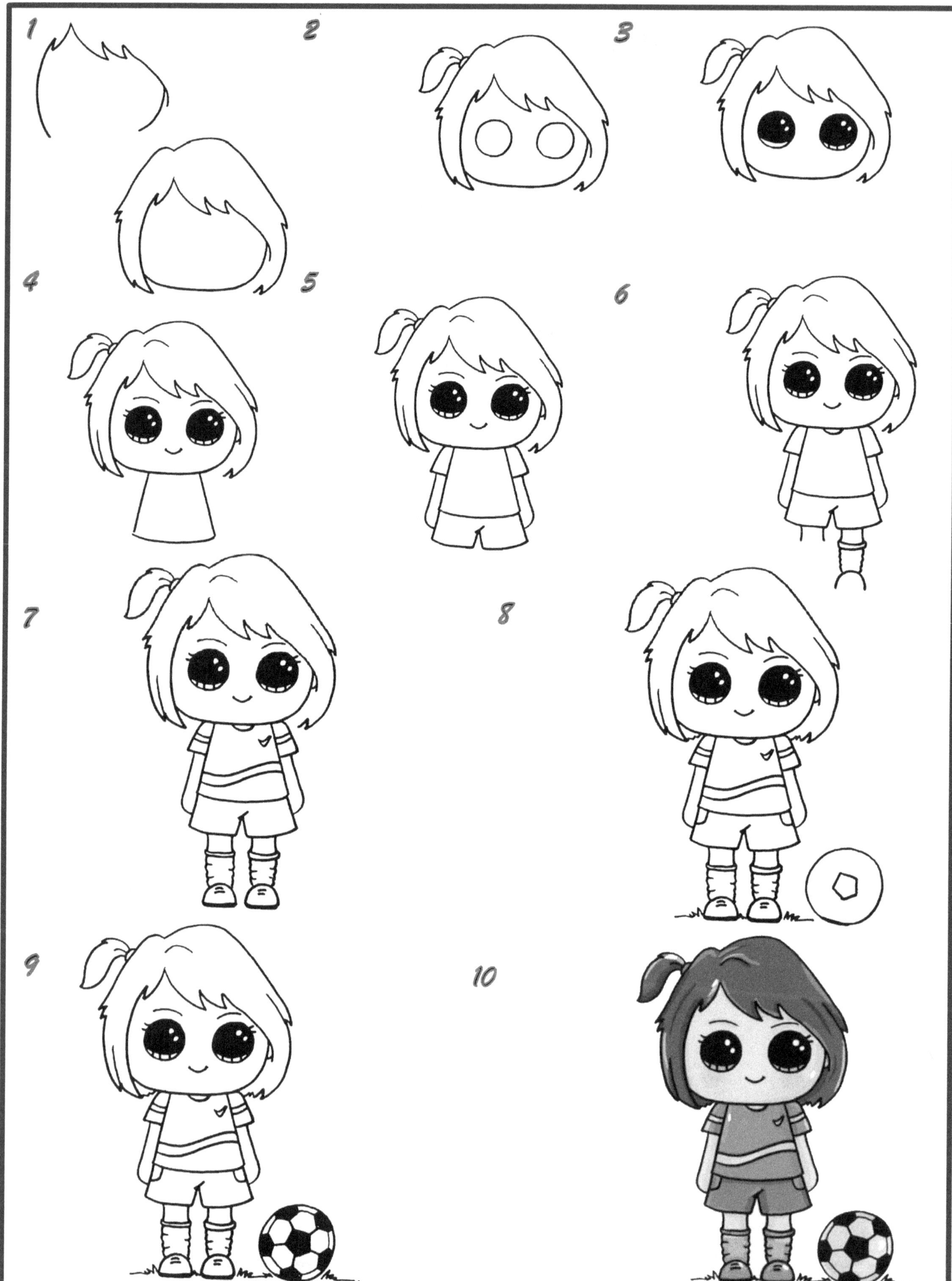

1
2
3
4
5
6
7
8
9
10

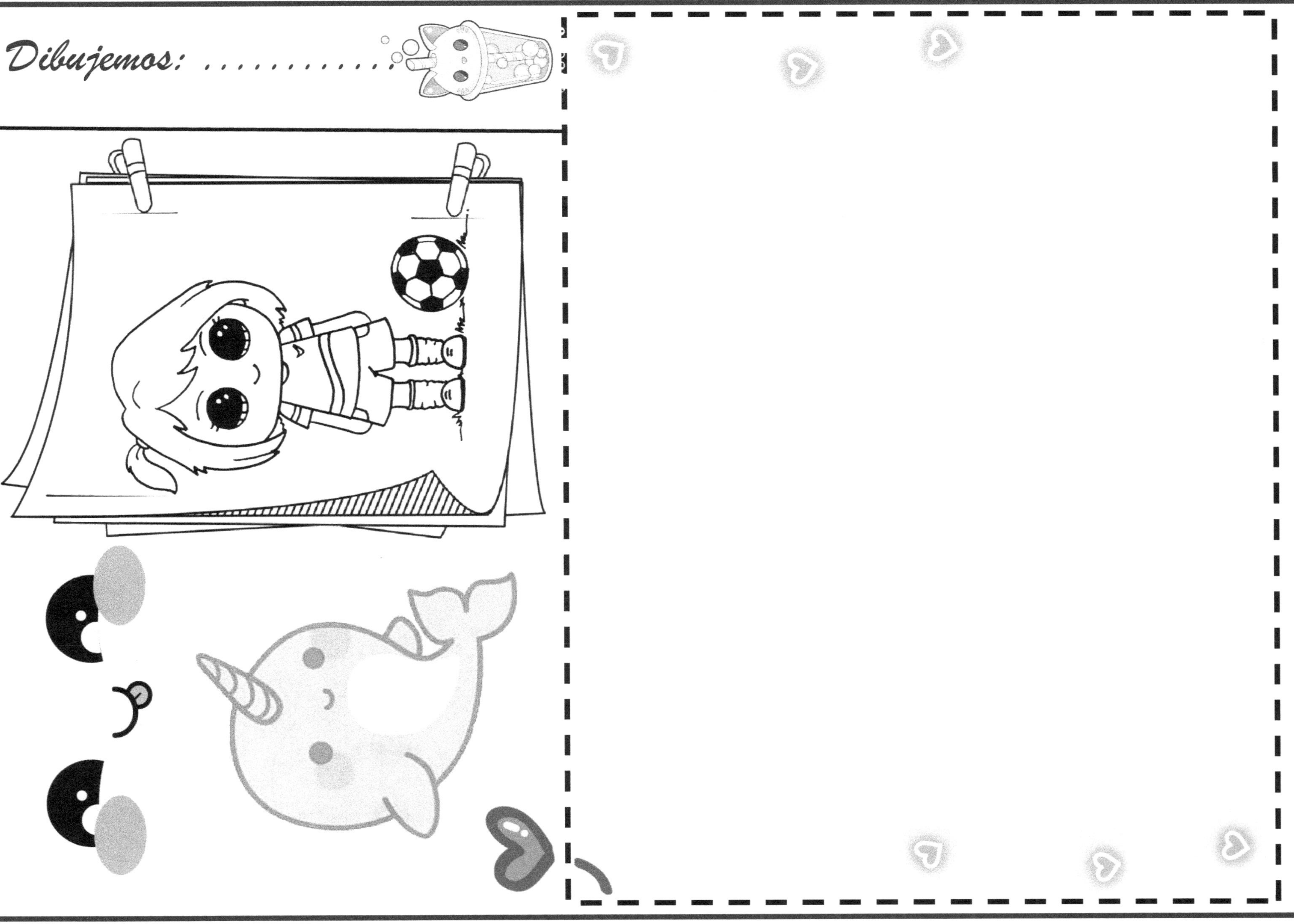

Dibujemos: ....

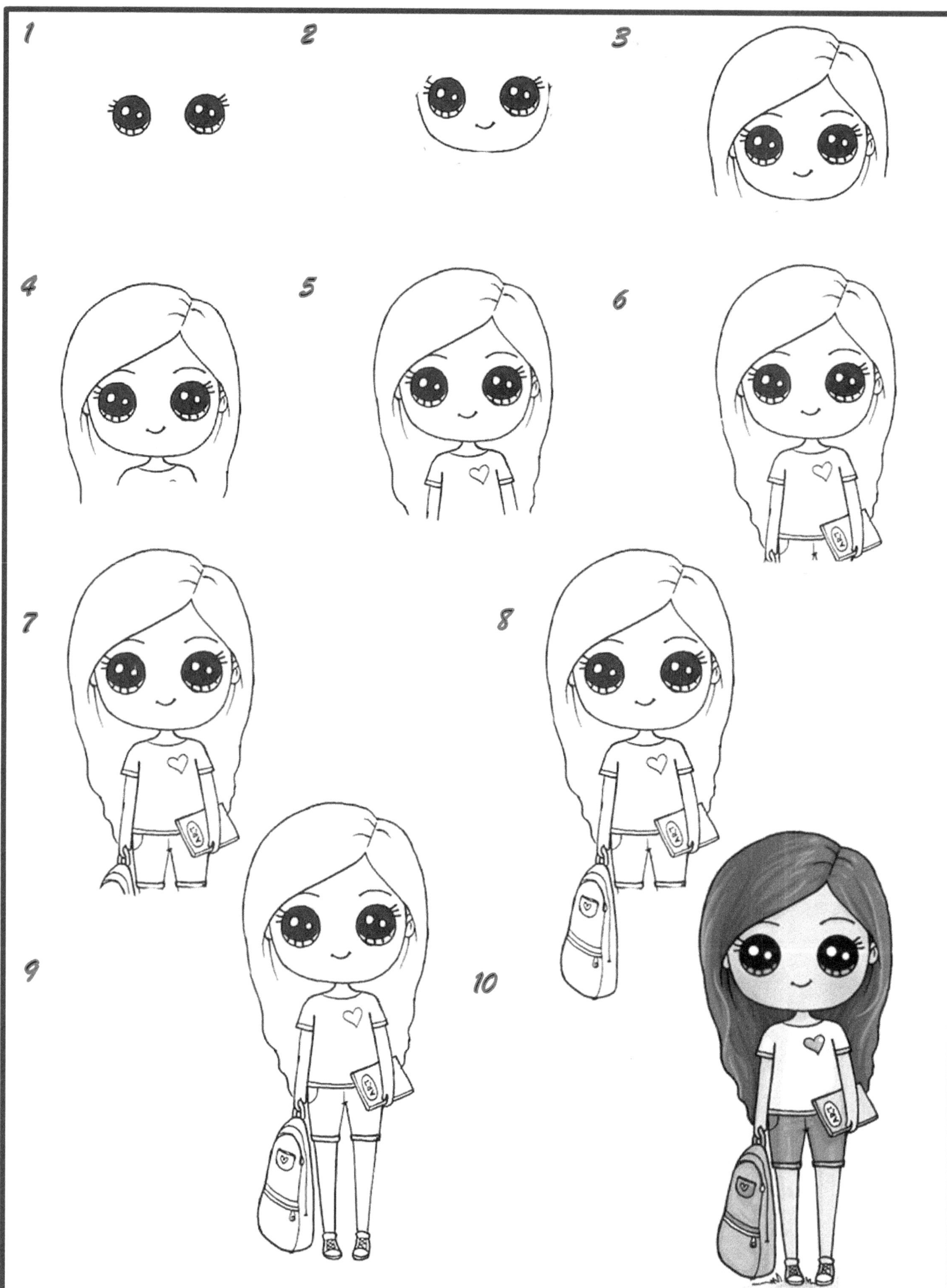

1
2
3
4
5
6
7
8
9
10

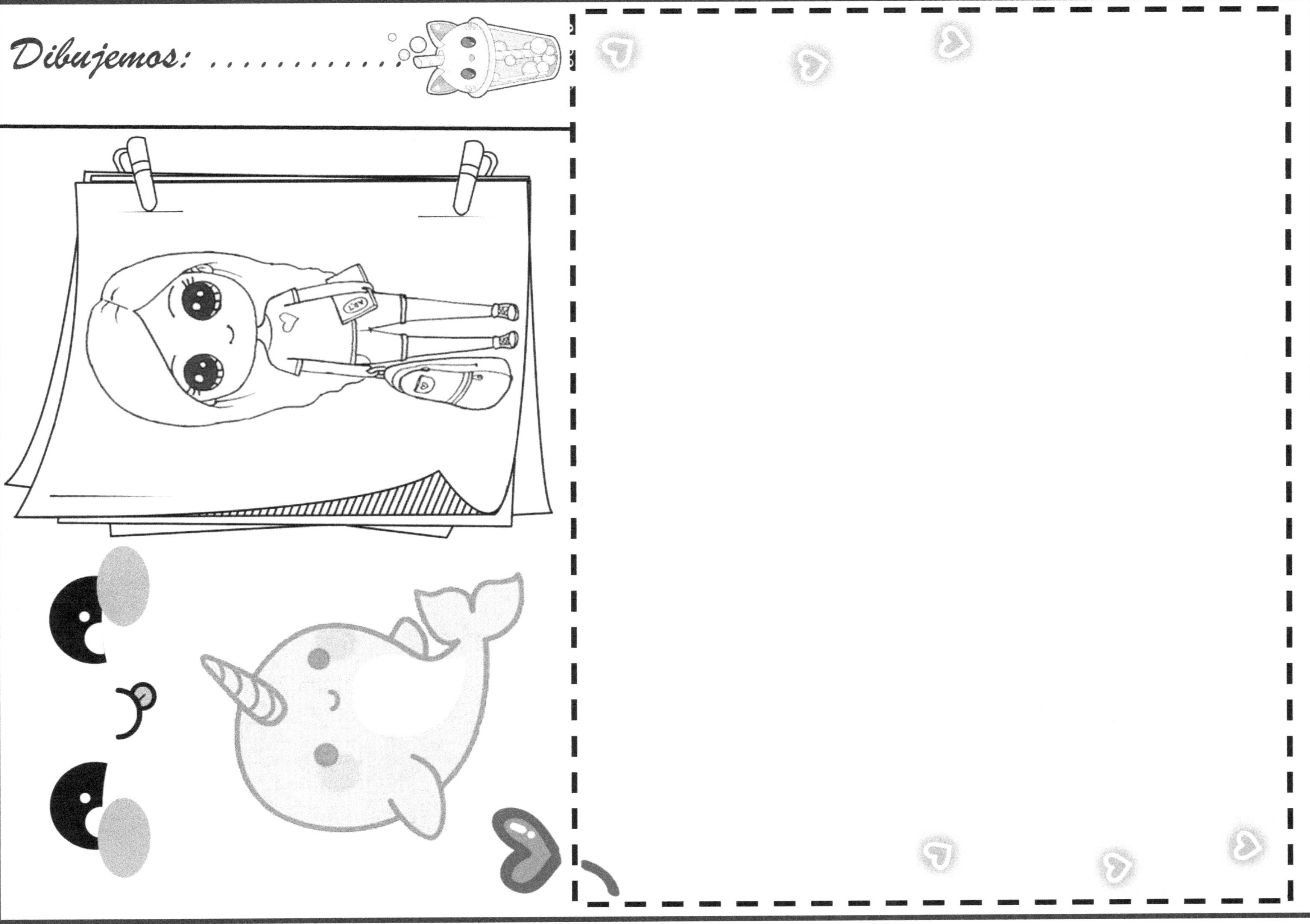

Dibujemos: ....

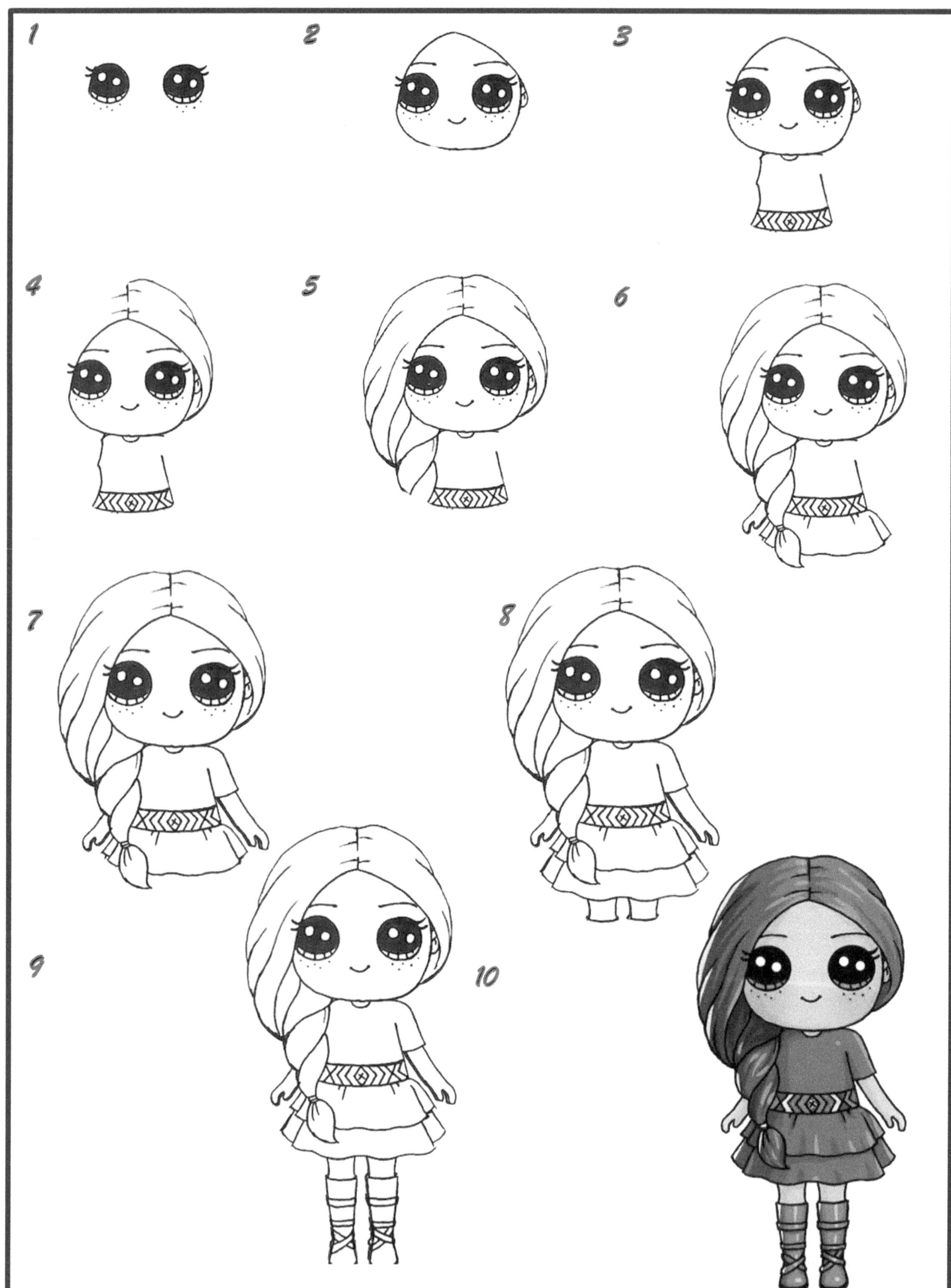

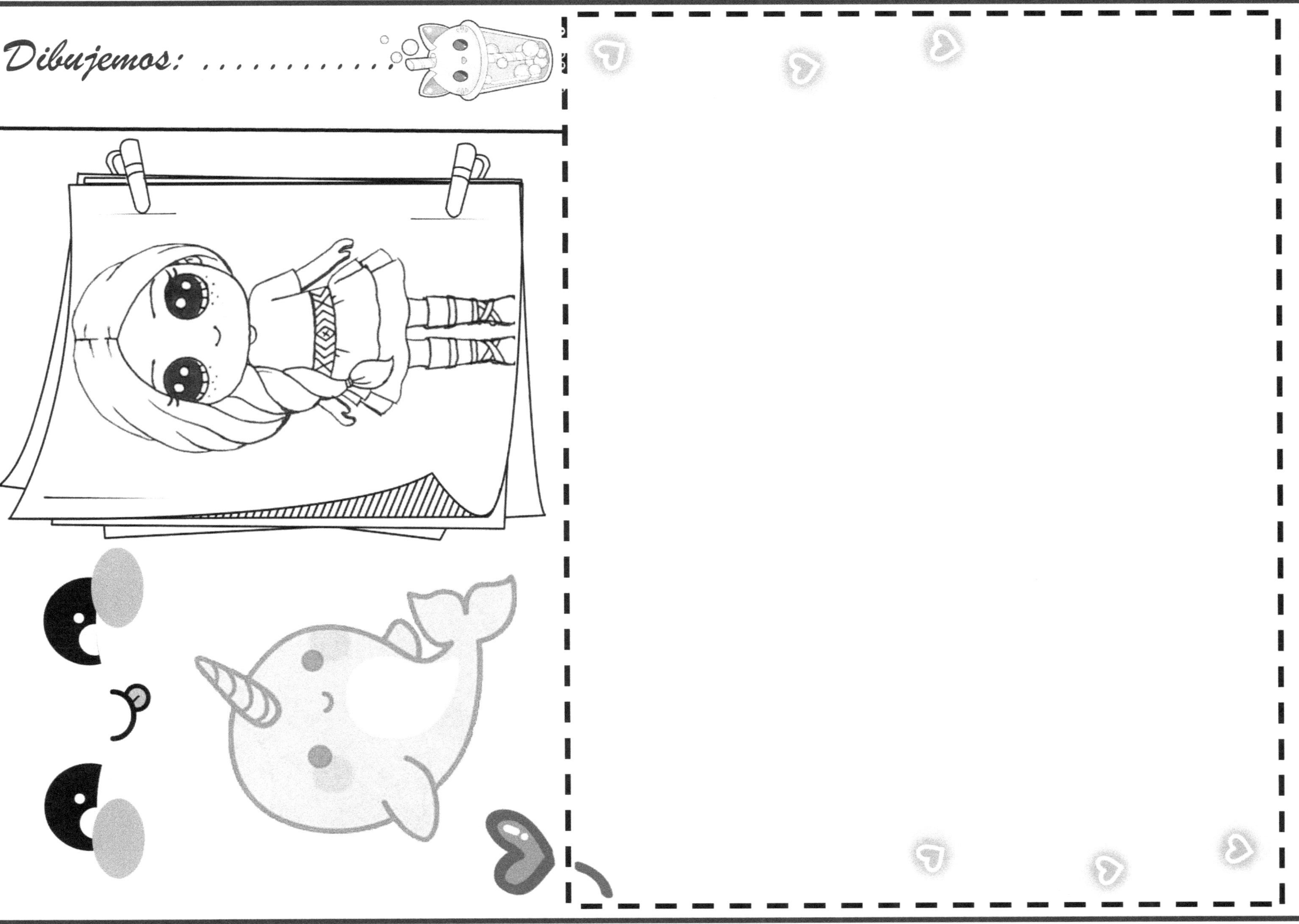

Dibujemos: ....

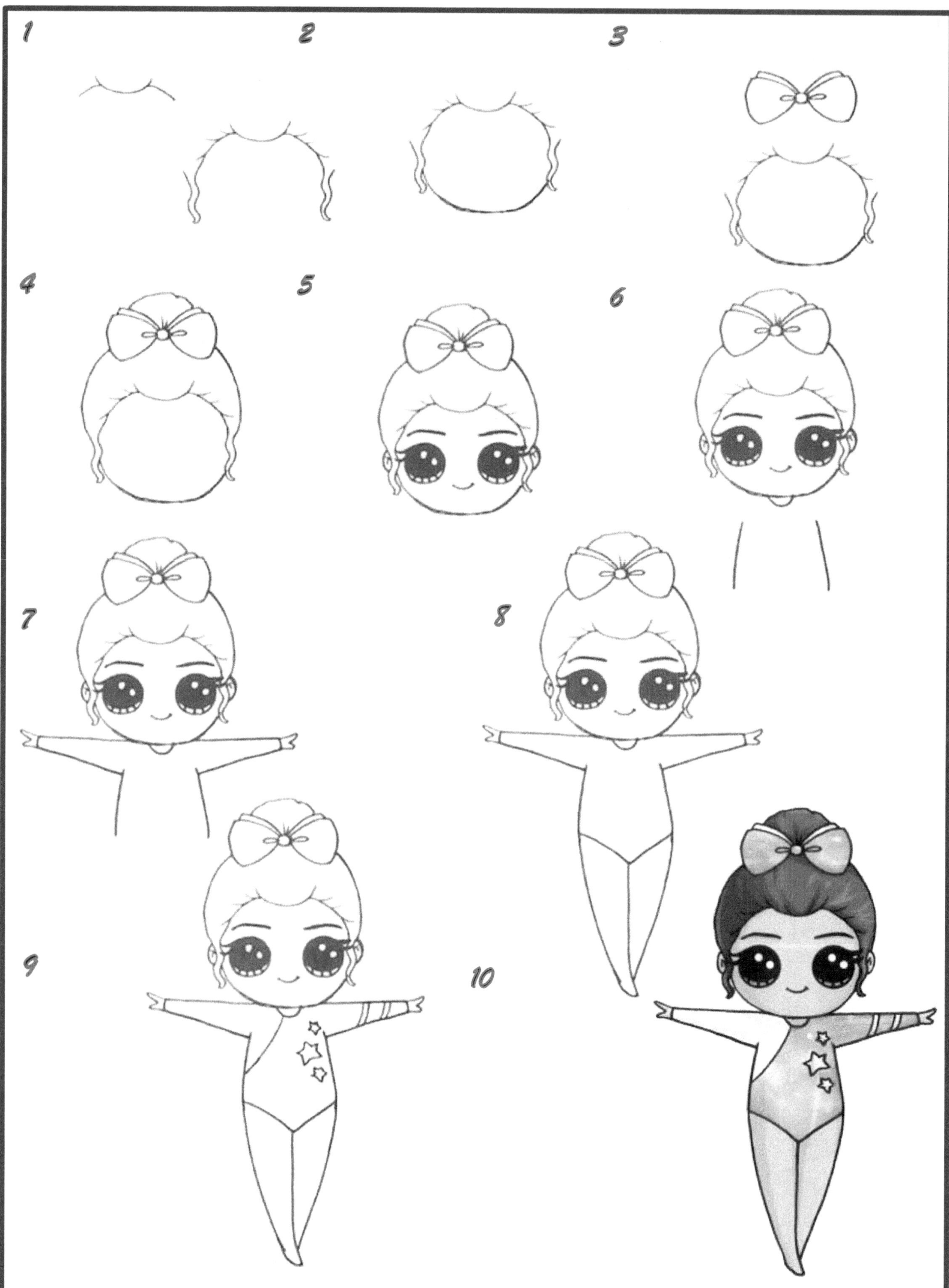

1
2
3
4
5
6
7
8
9
10

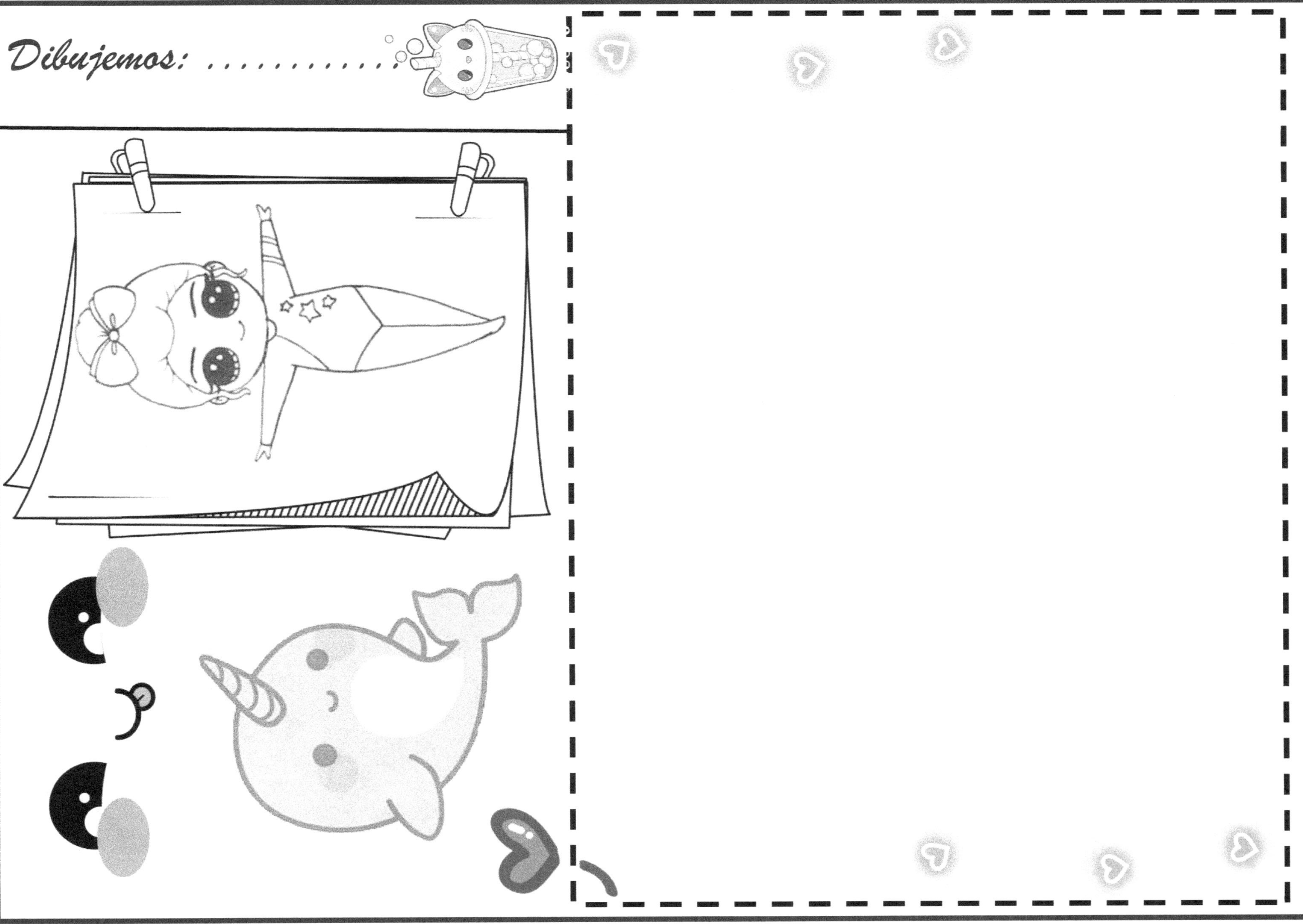

Dibujemos: ....

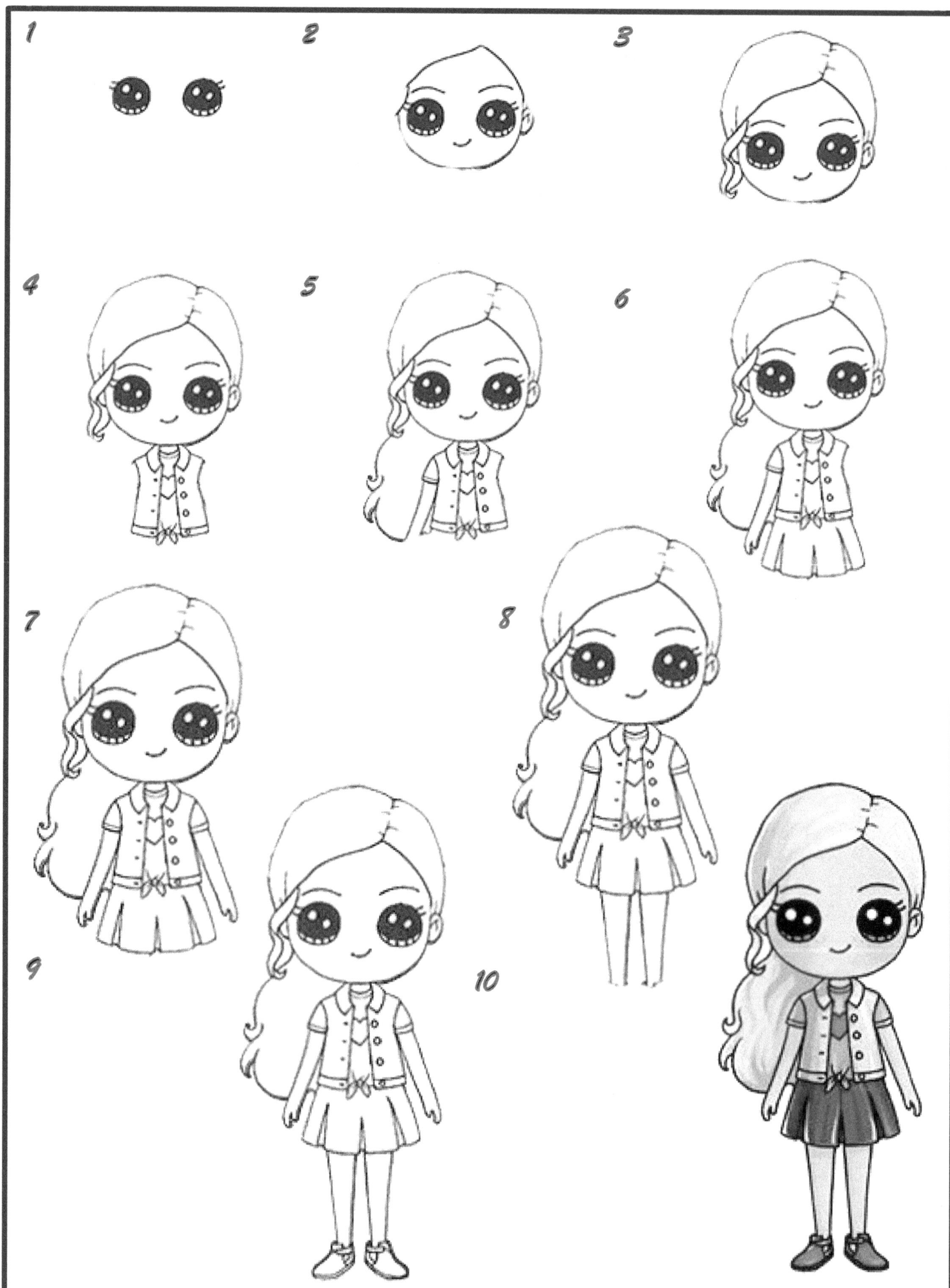

1
2
3
4
5
6
7
8
9
10

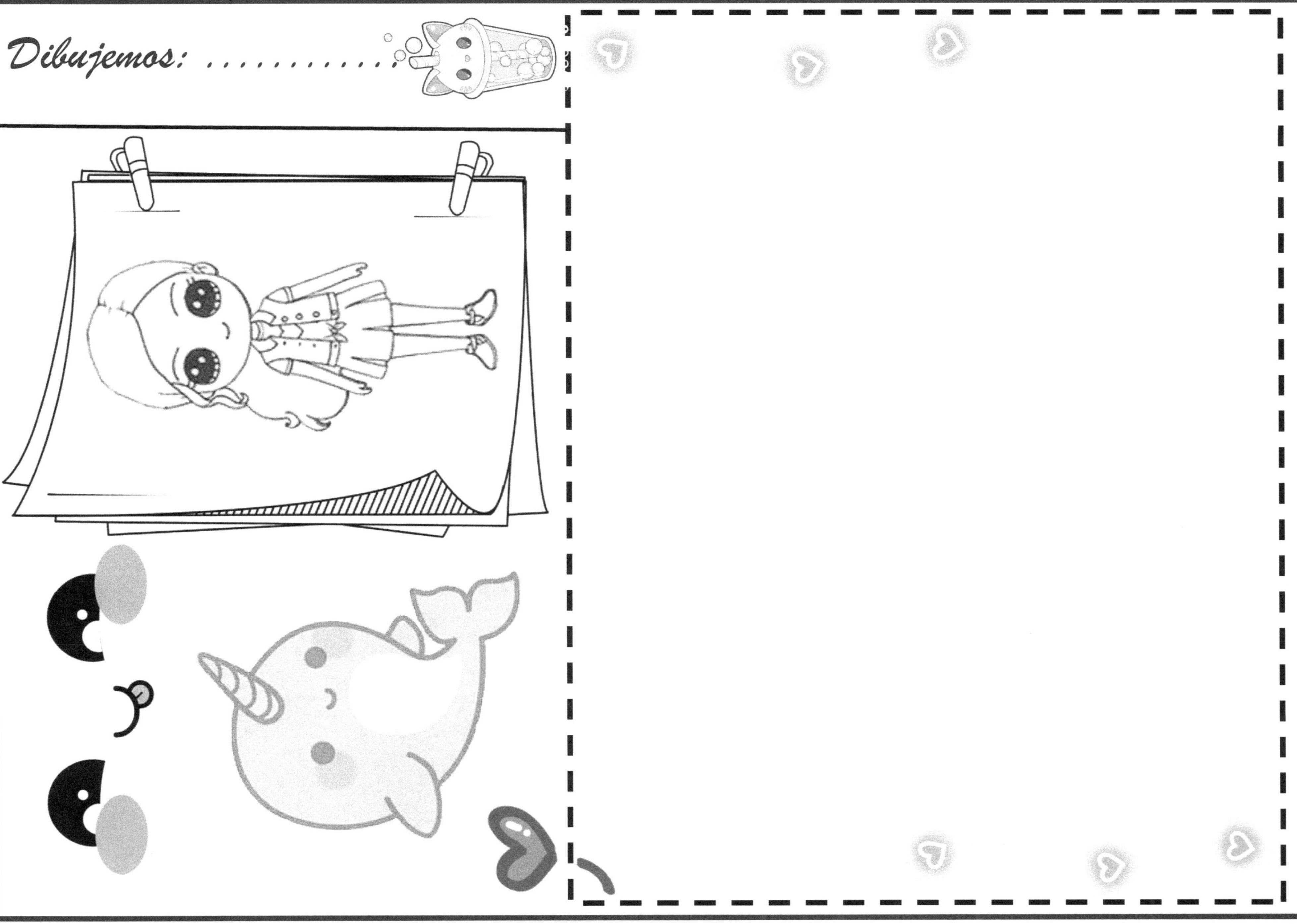

Dibujemos: ....

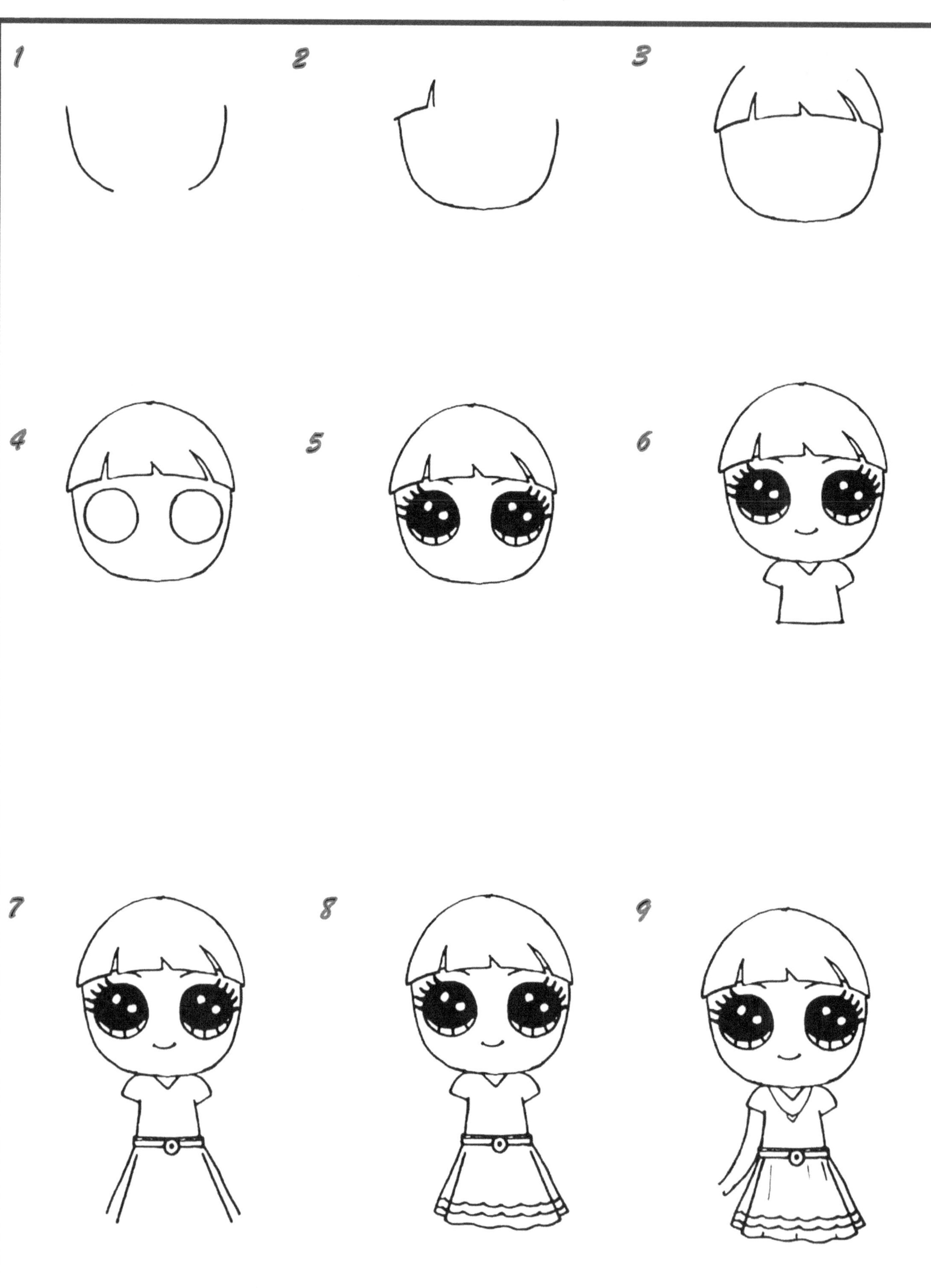

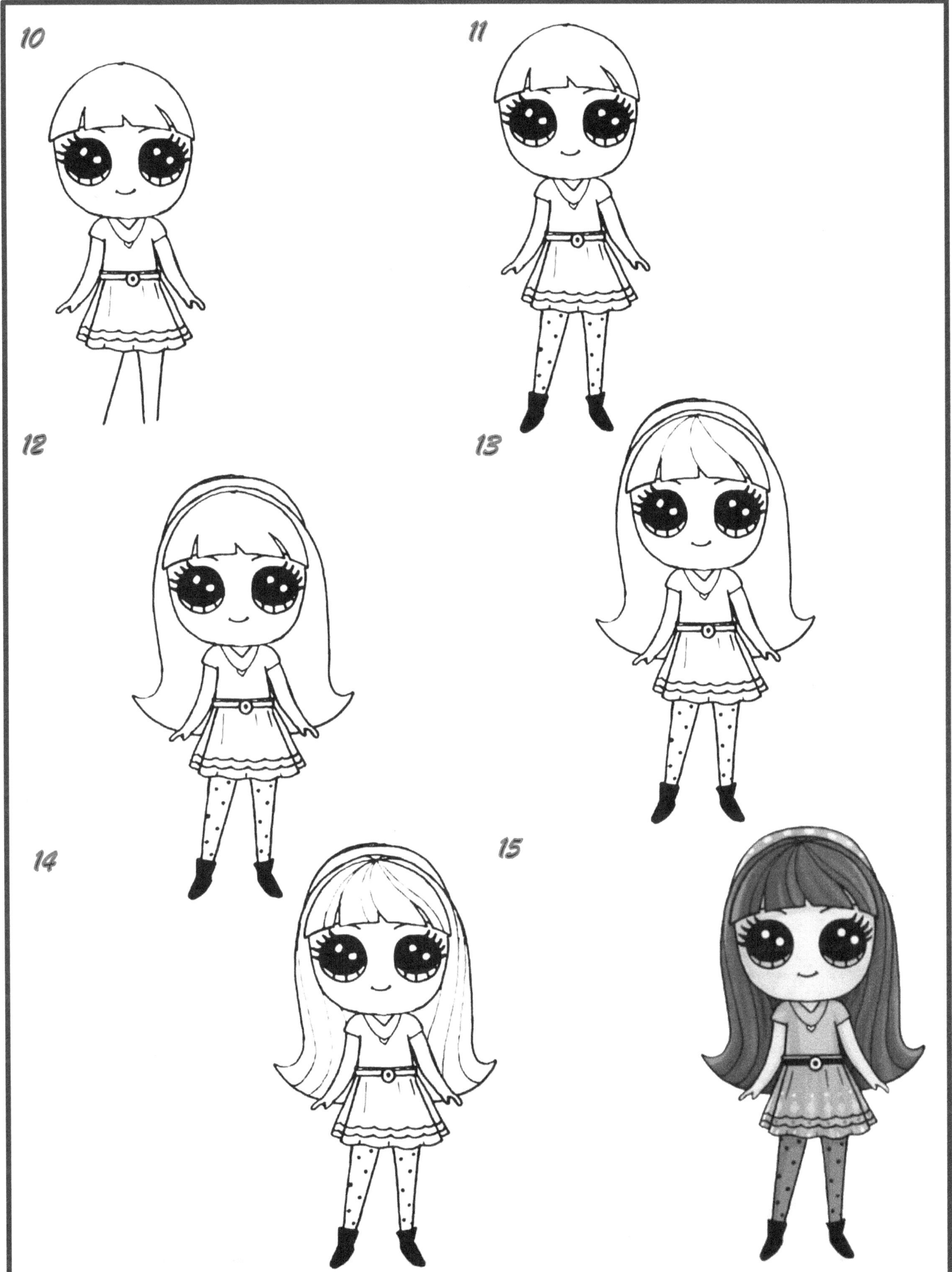

10
11
12
13
14
15

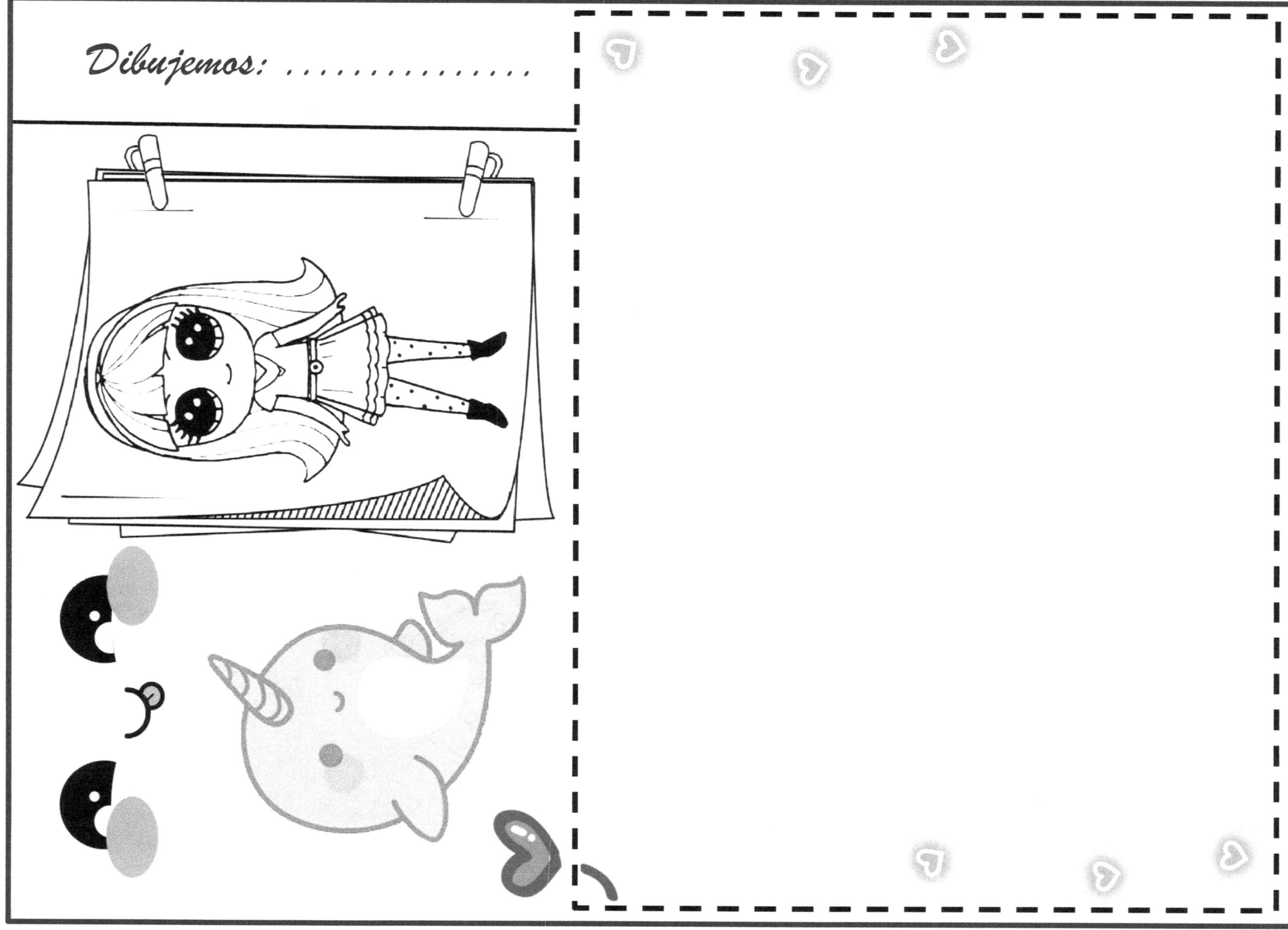

Dibujemos: ....

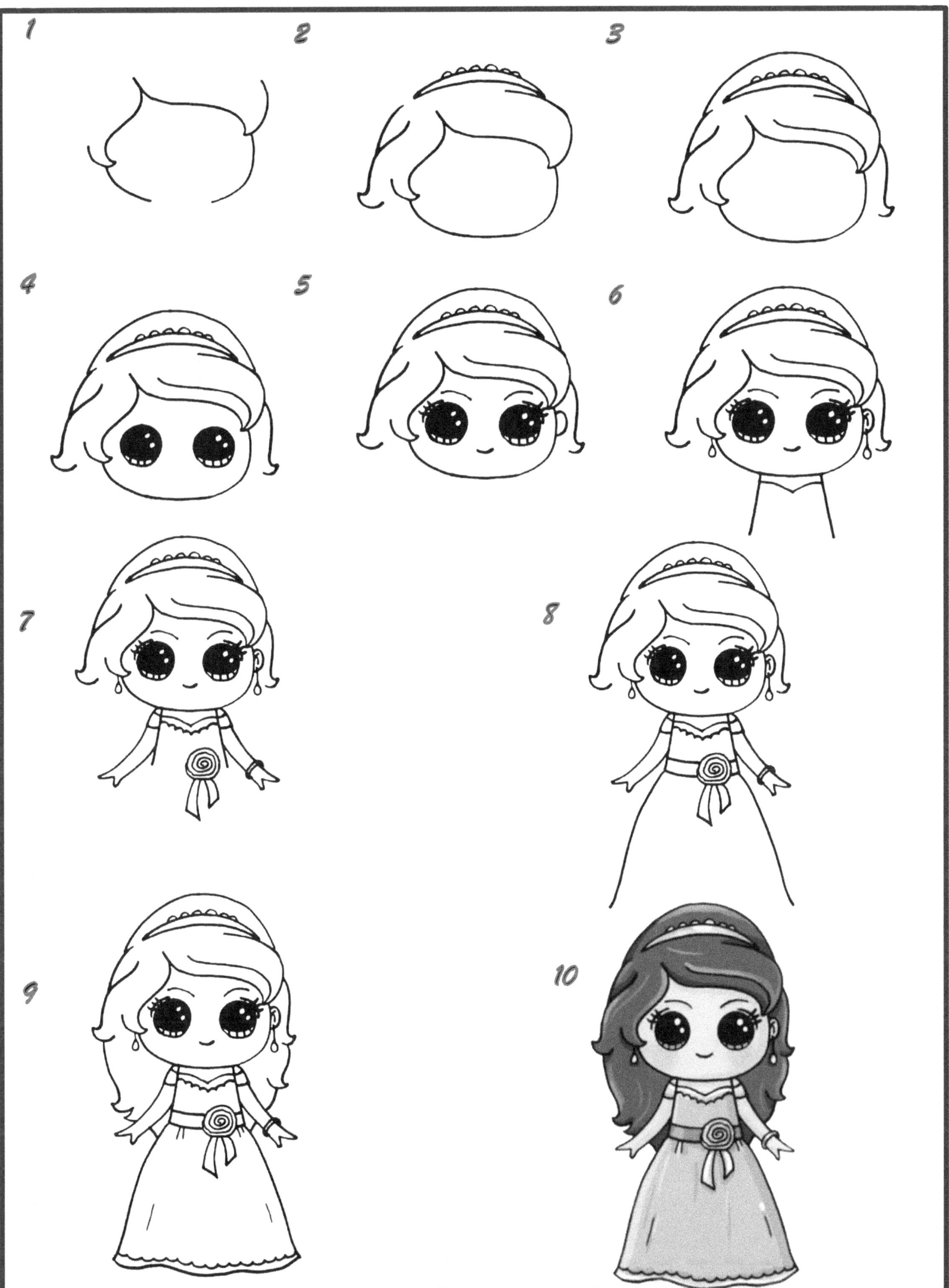

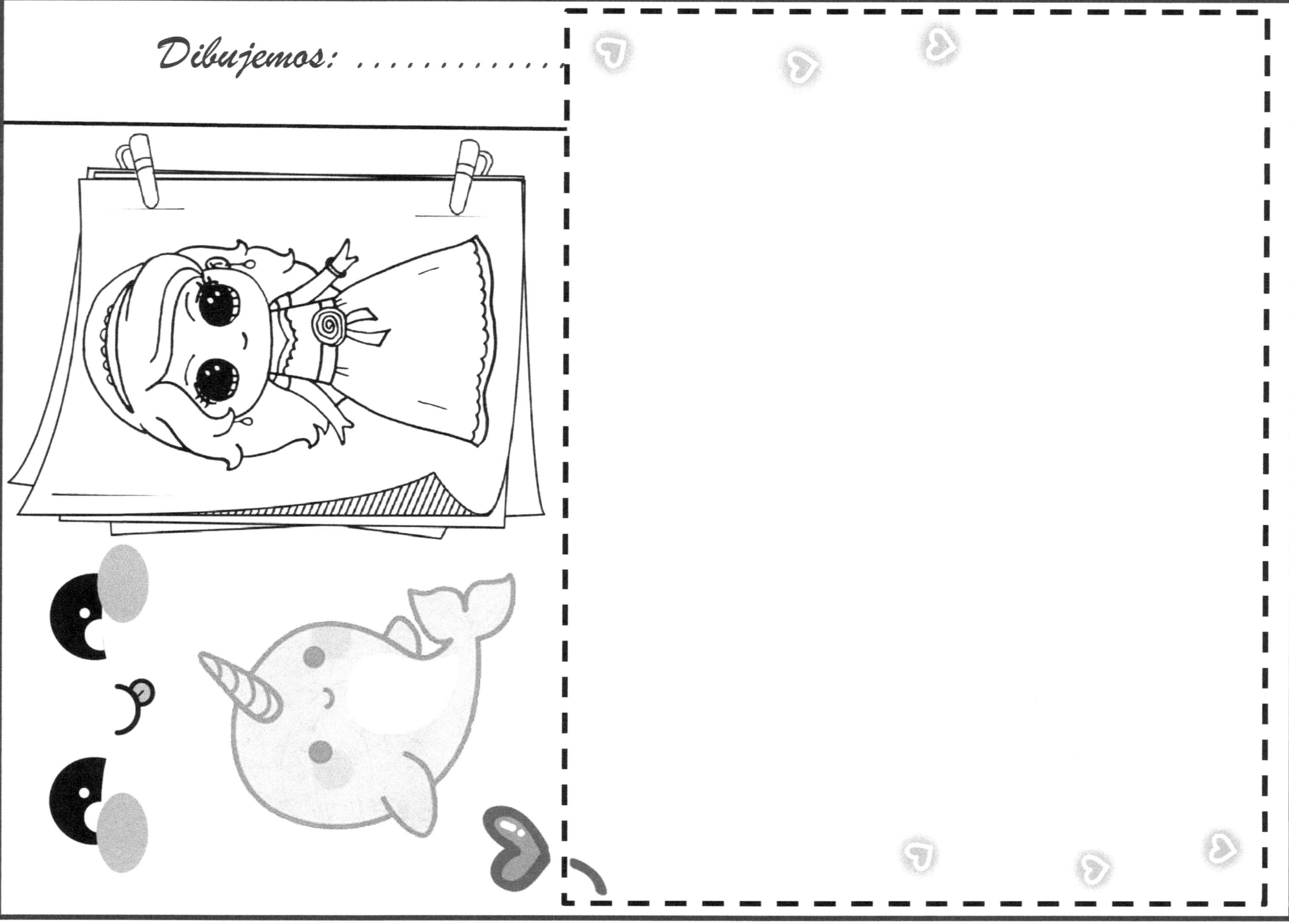

Dibujemos: ....

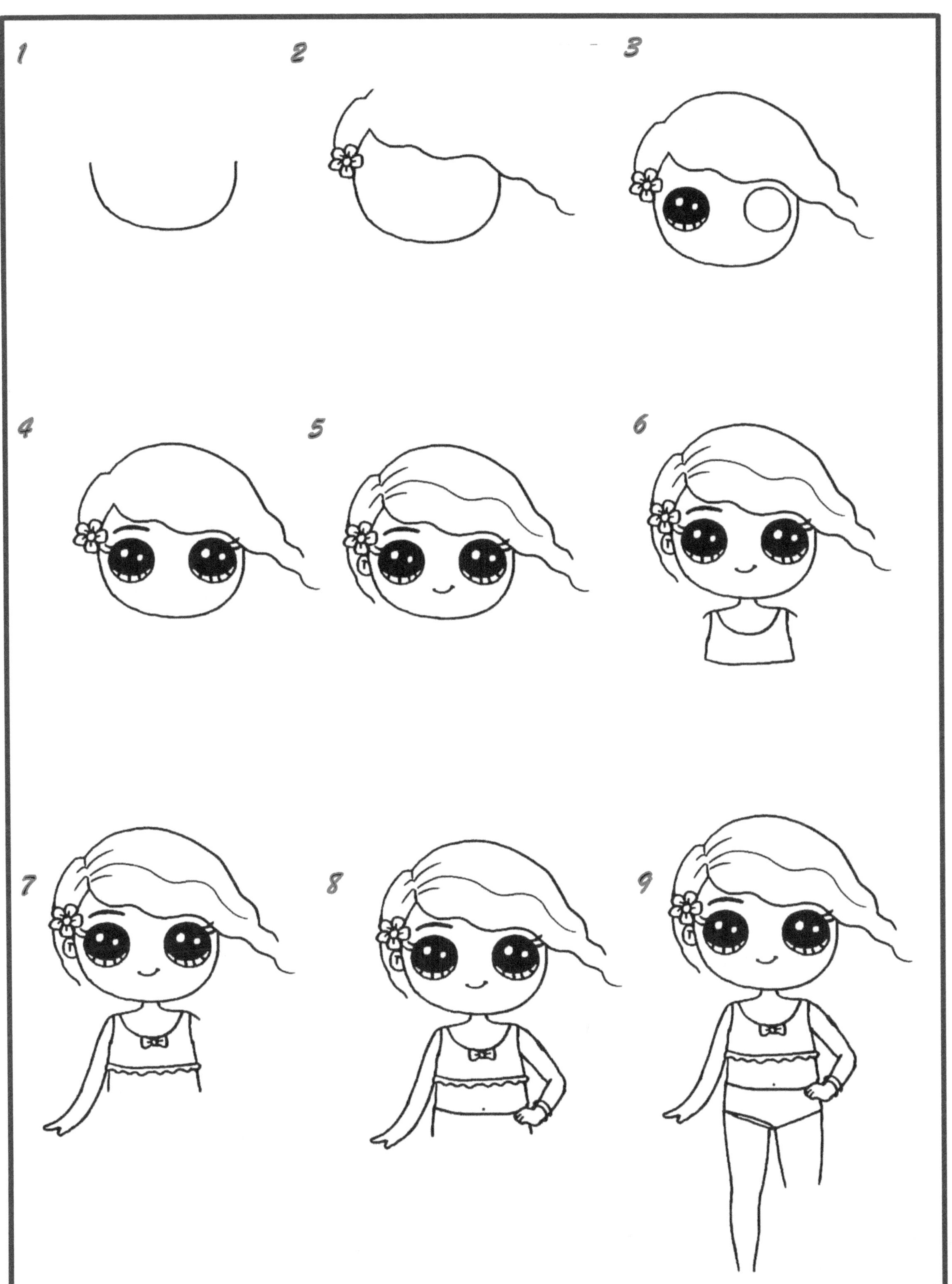

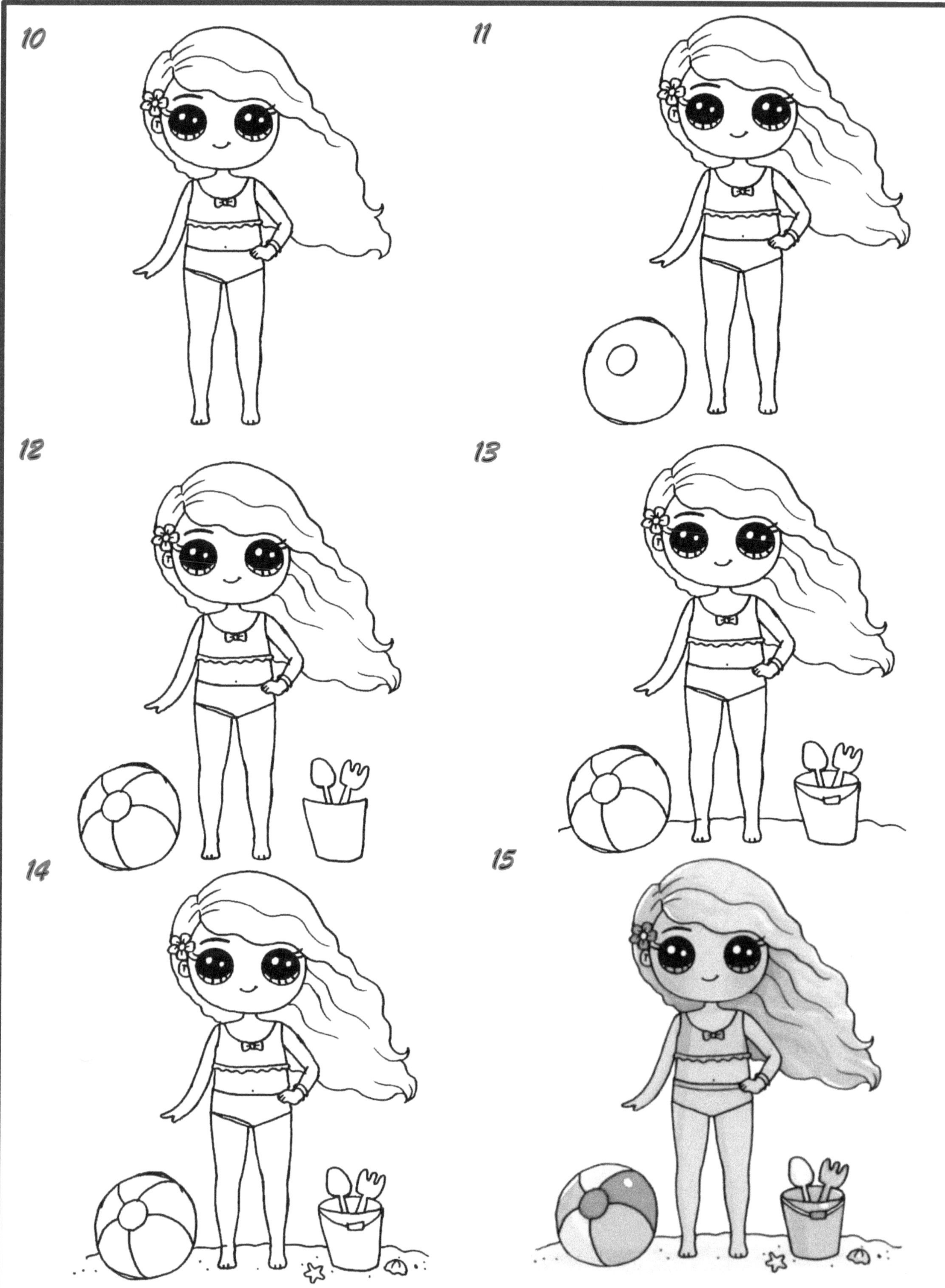

Dibujemos: ....

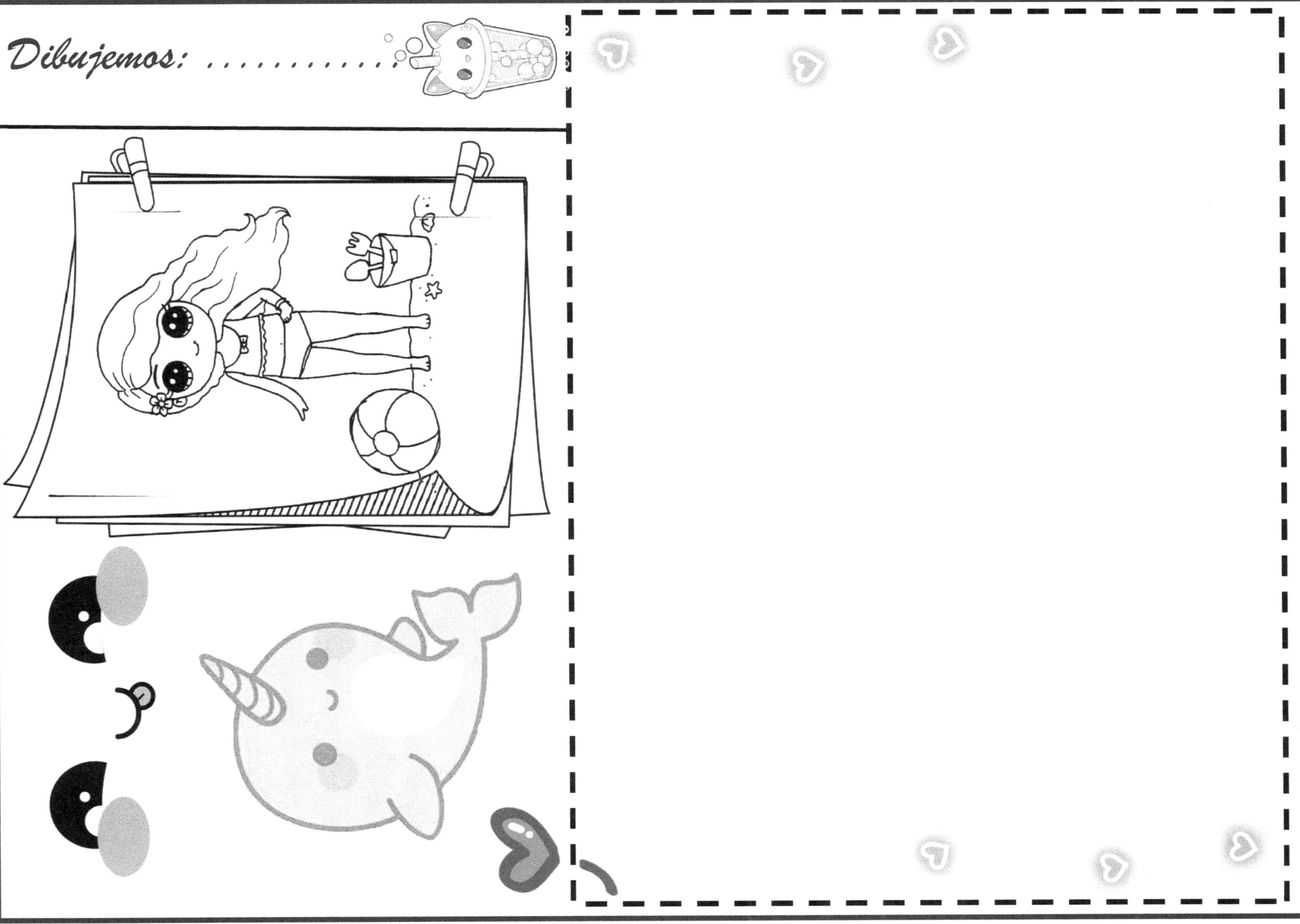

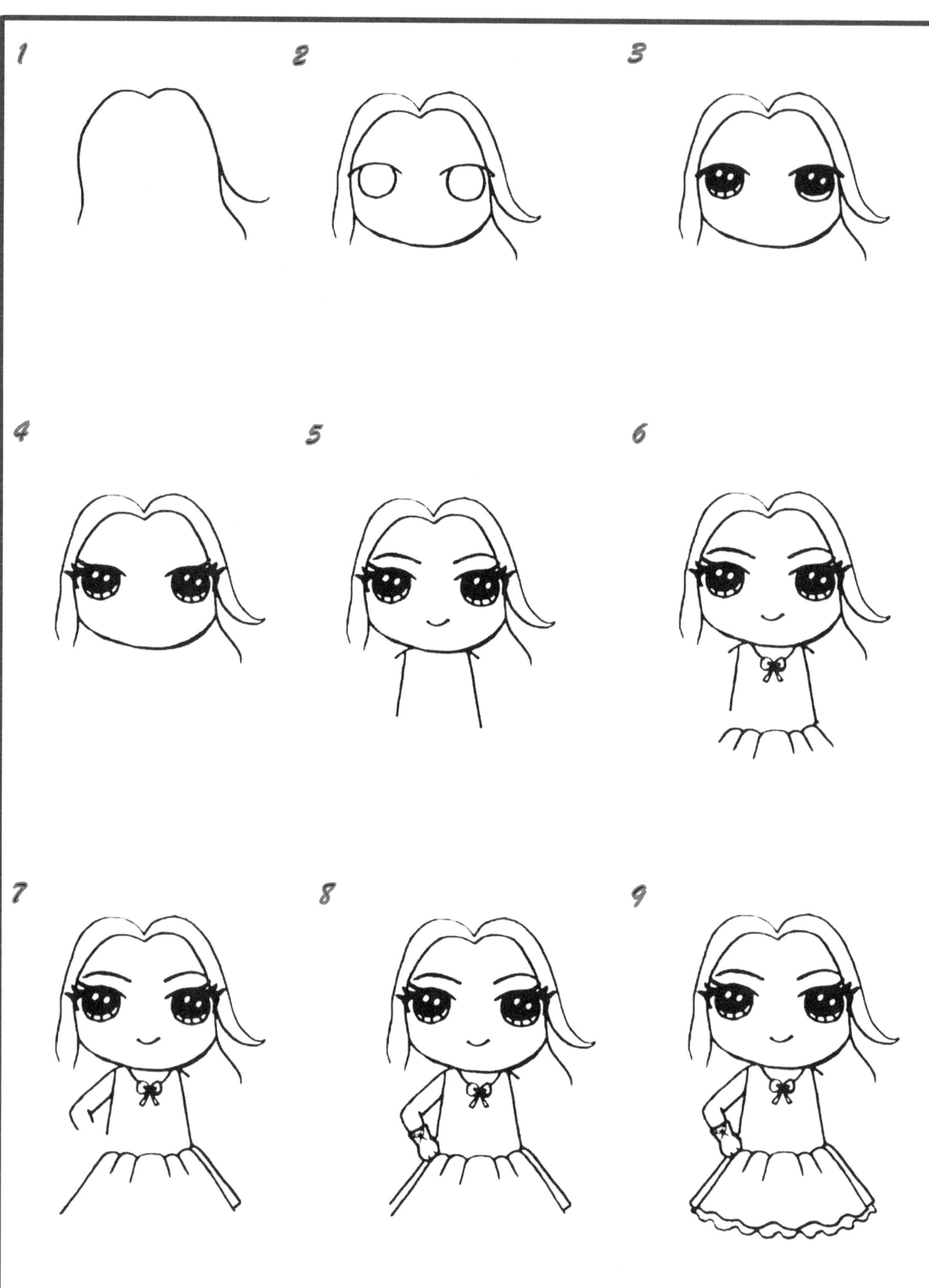

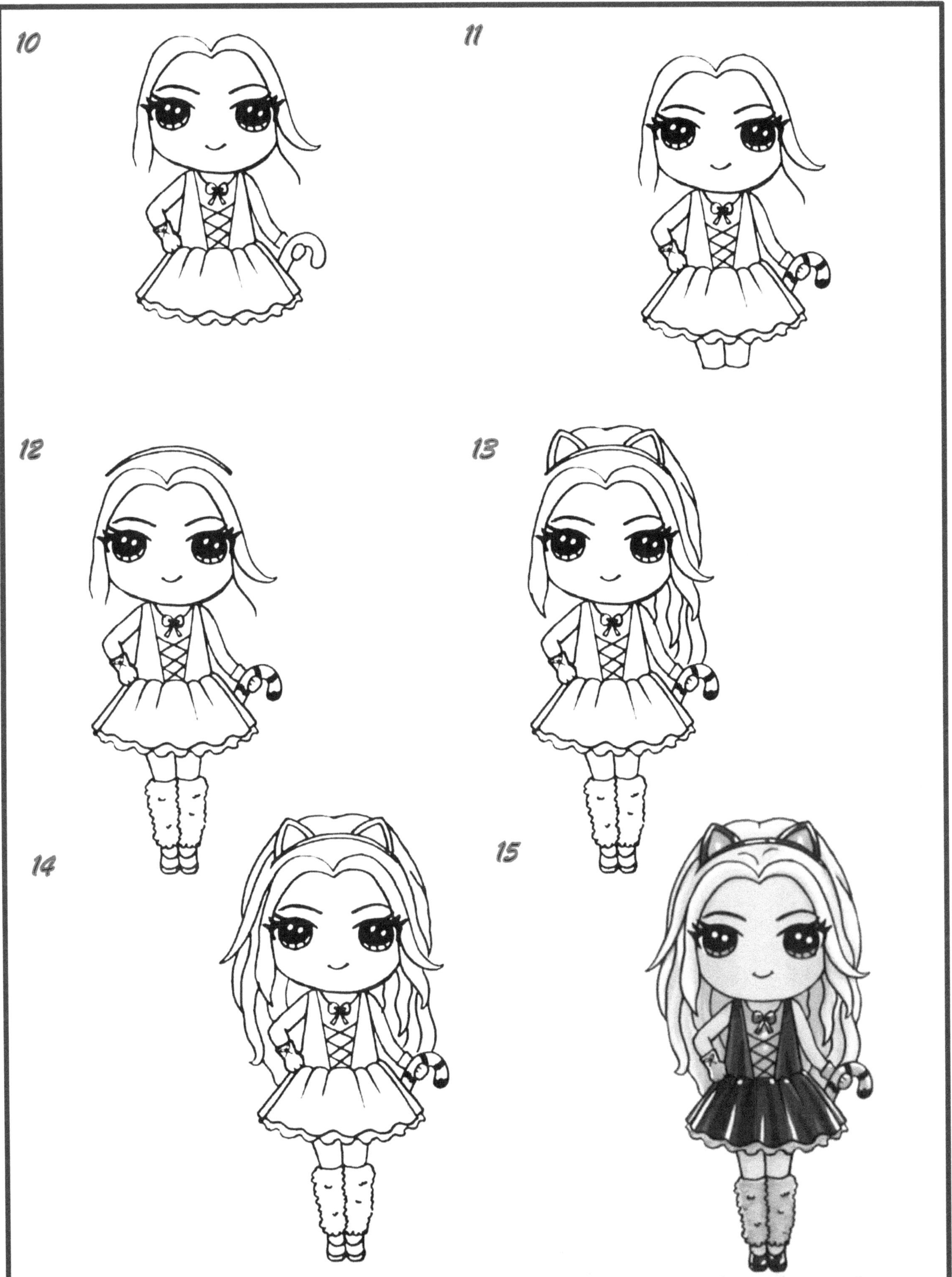

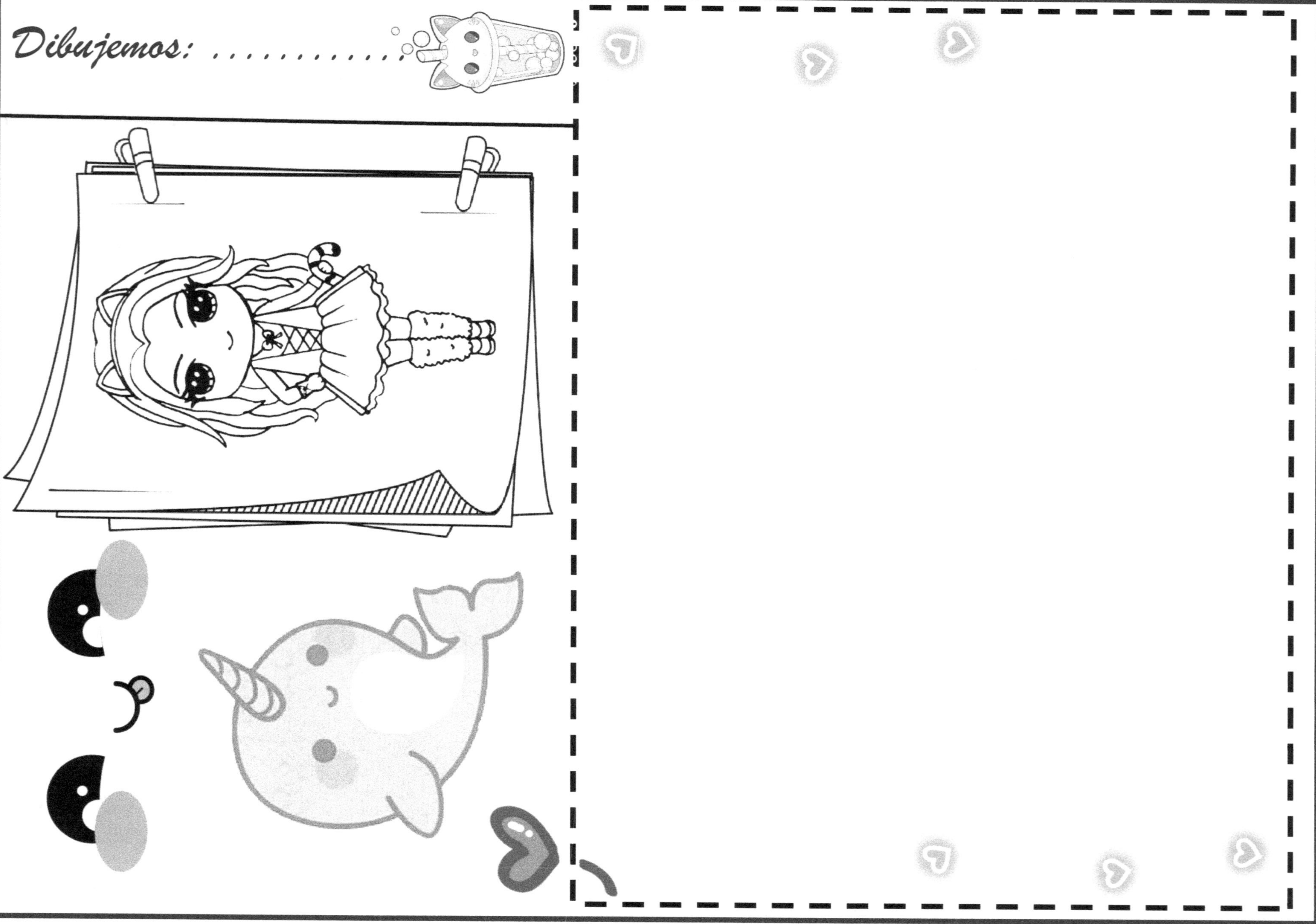
Dibujemos: ....

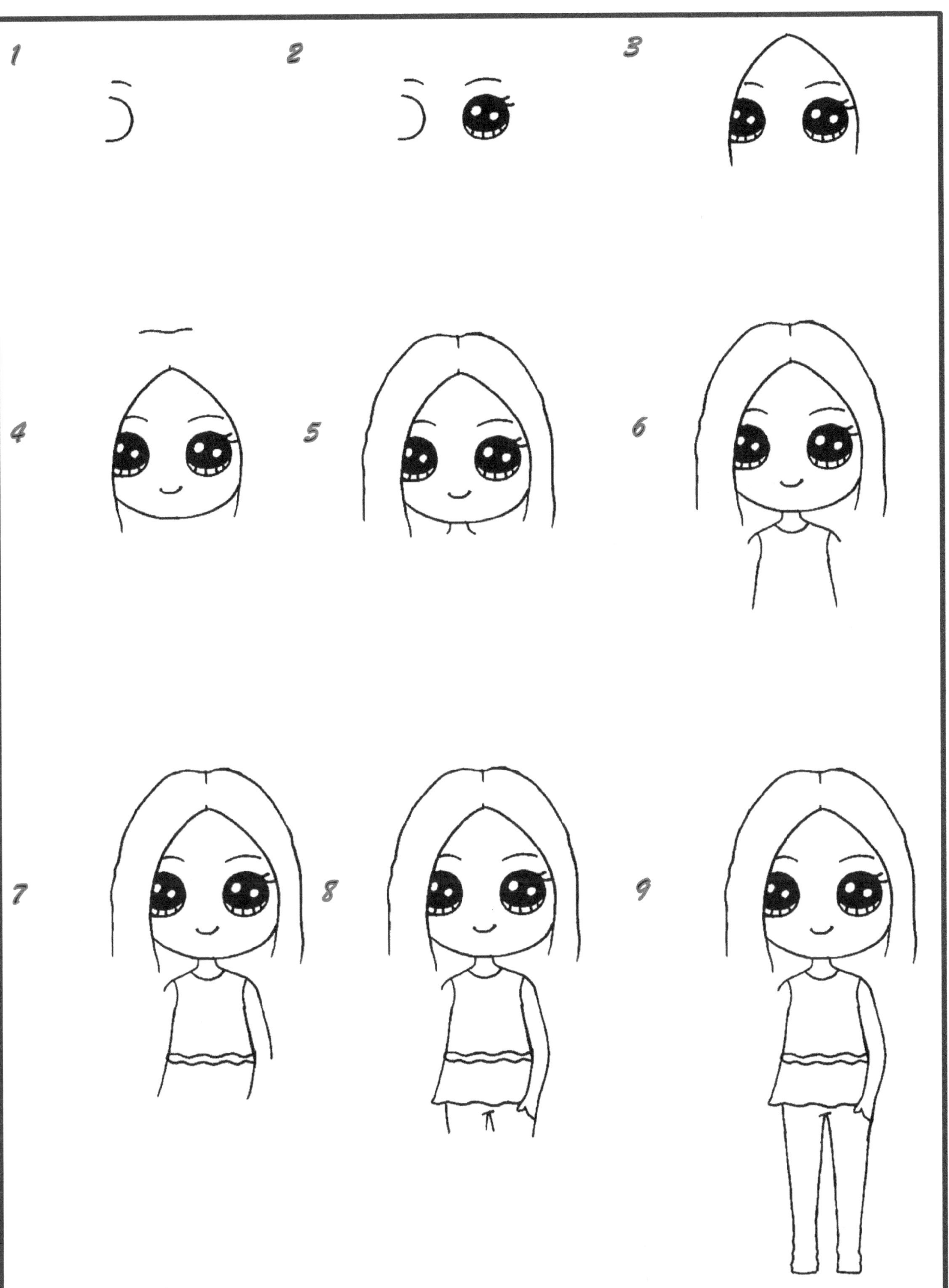

1
2
3
4
5
6
7
8
9

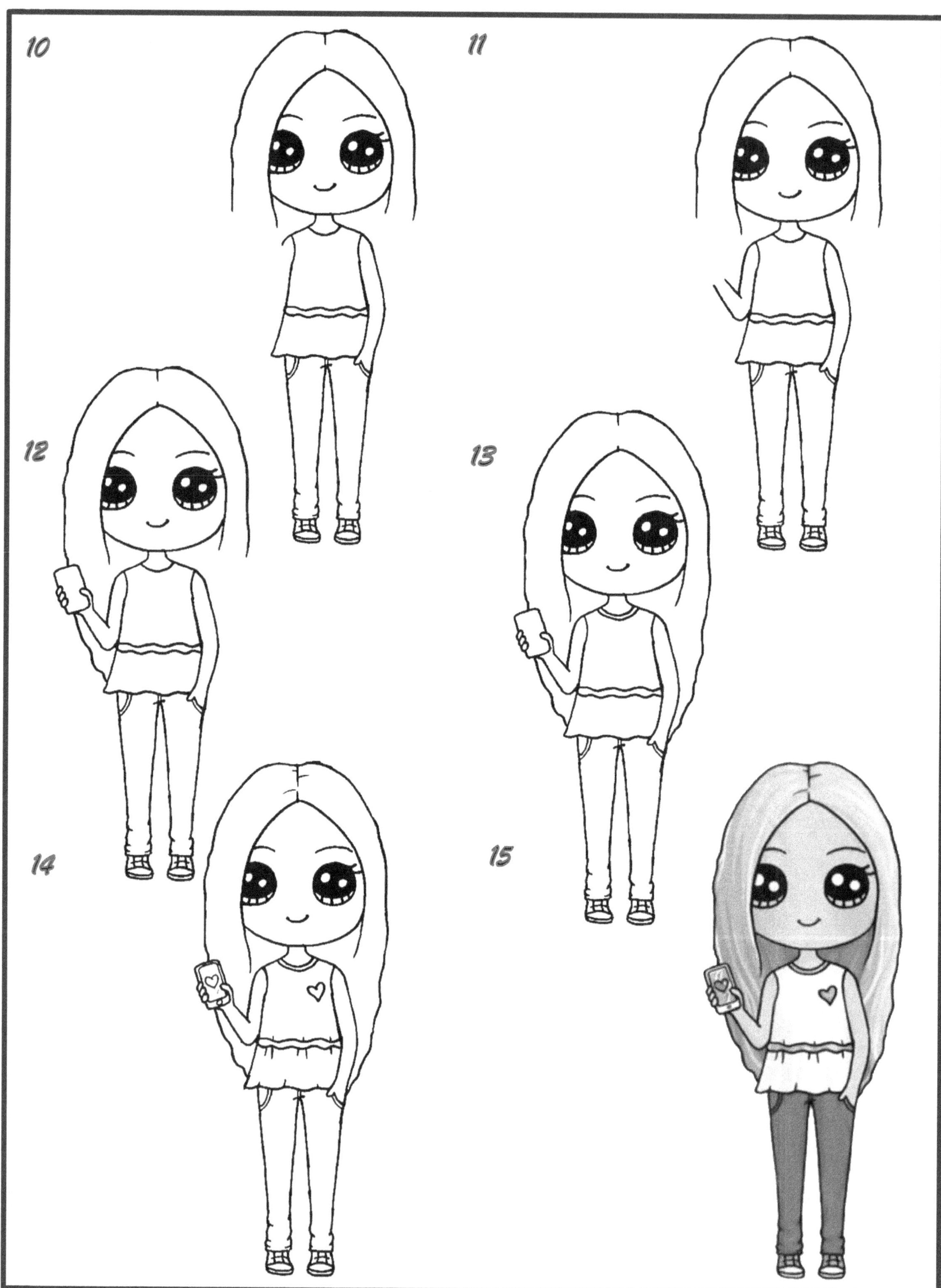

10
11
12
13
14
15

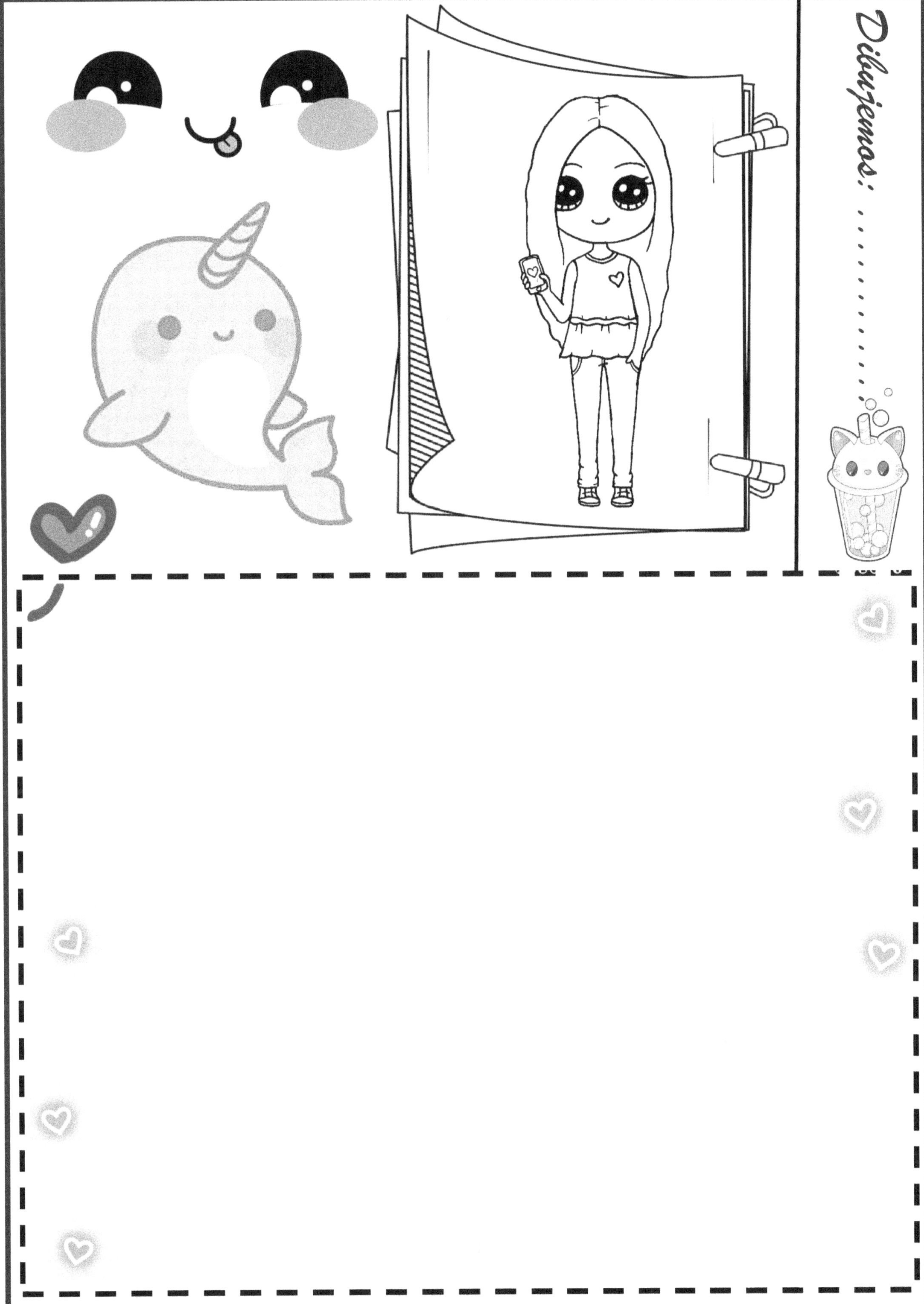

Dibujemos: ....

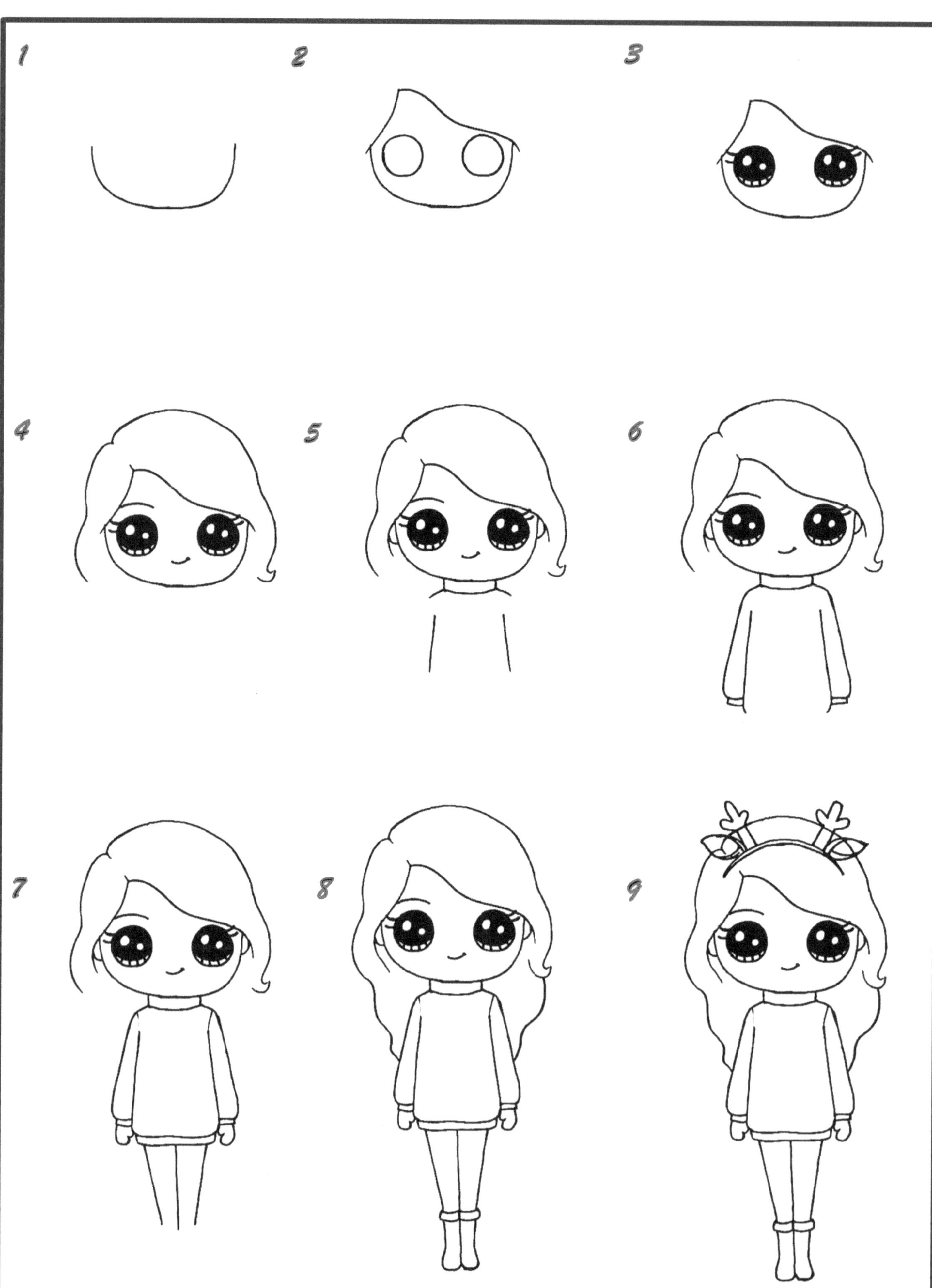

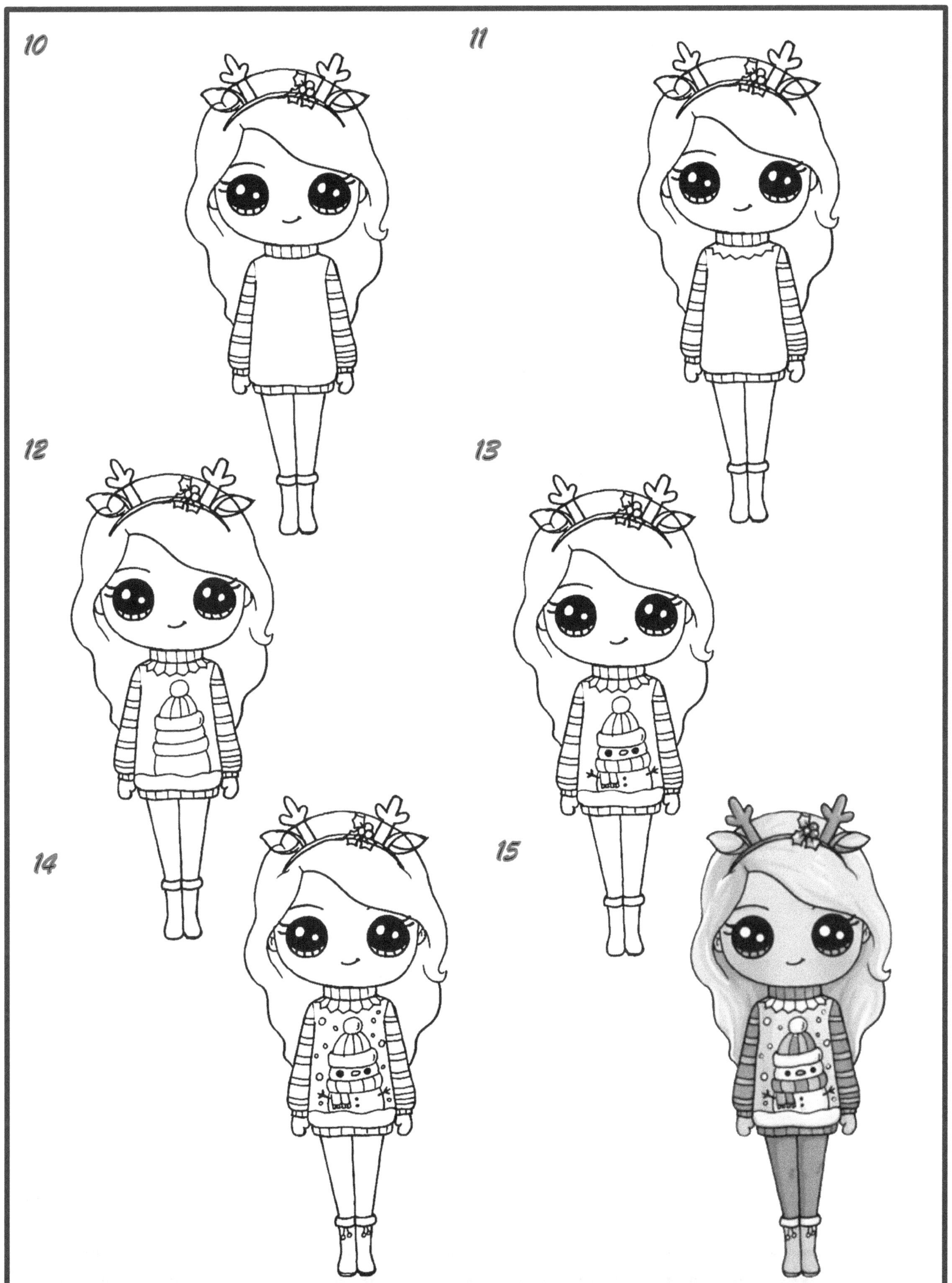

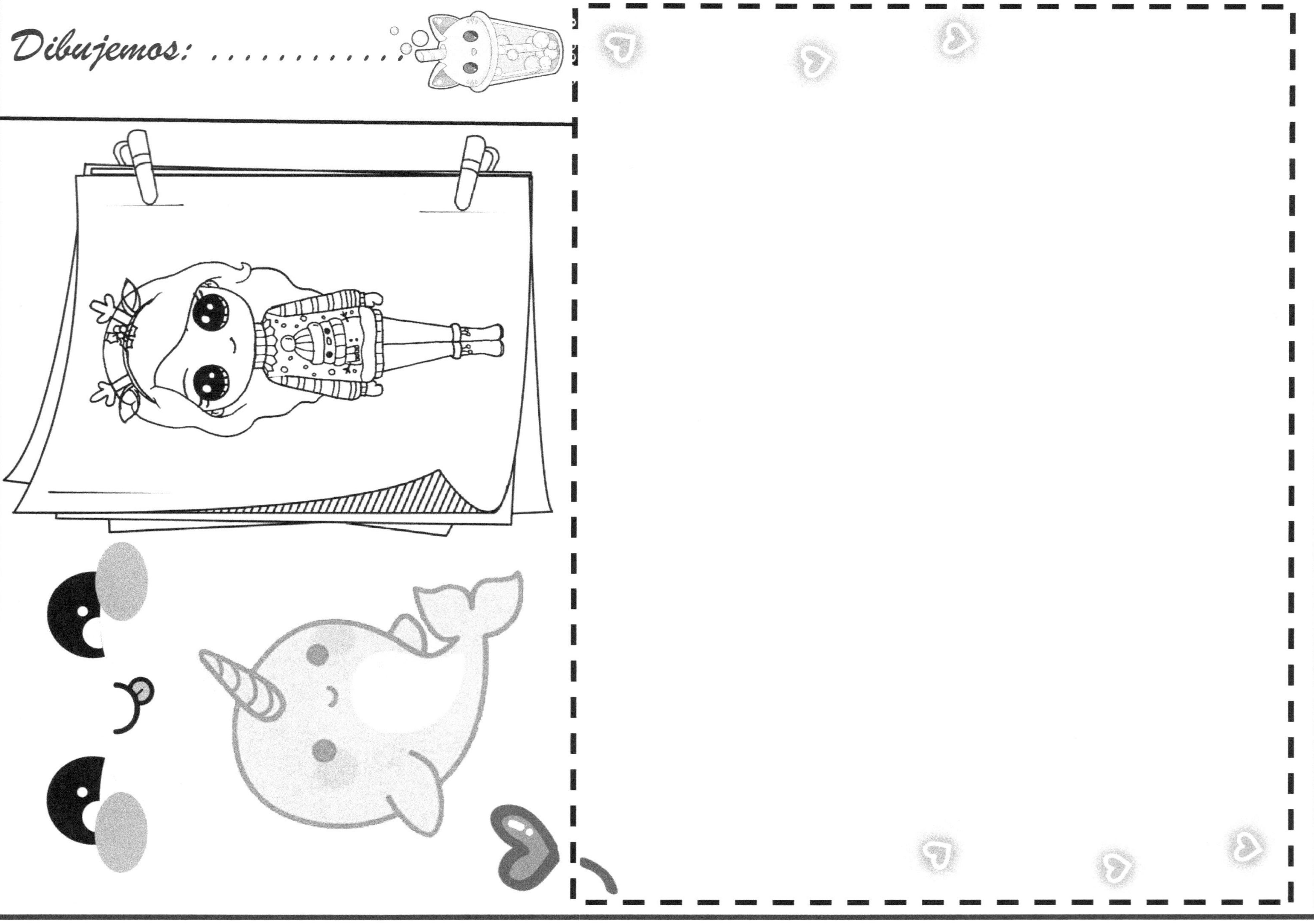
Dibujemos: ....

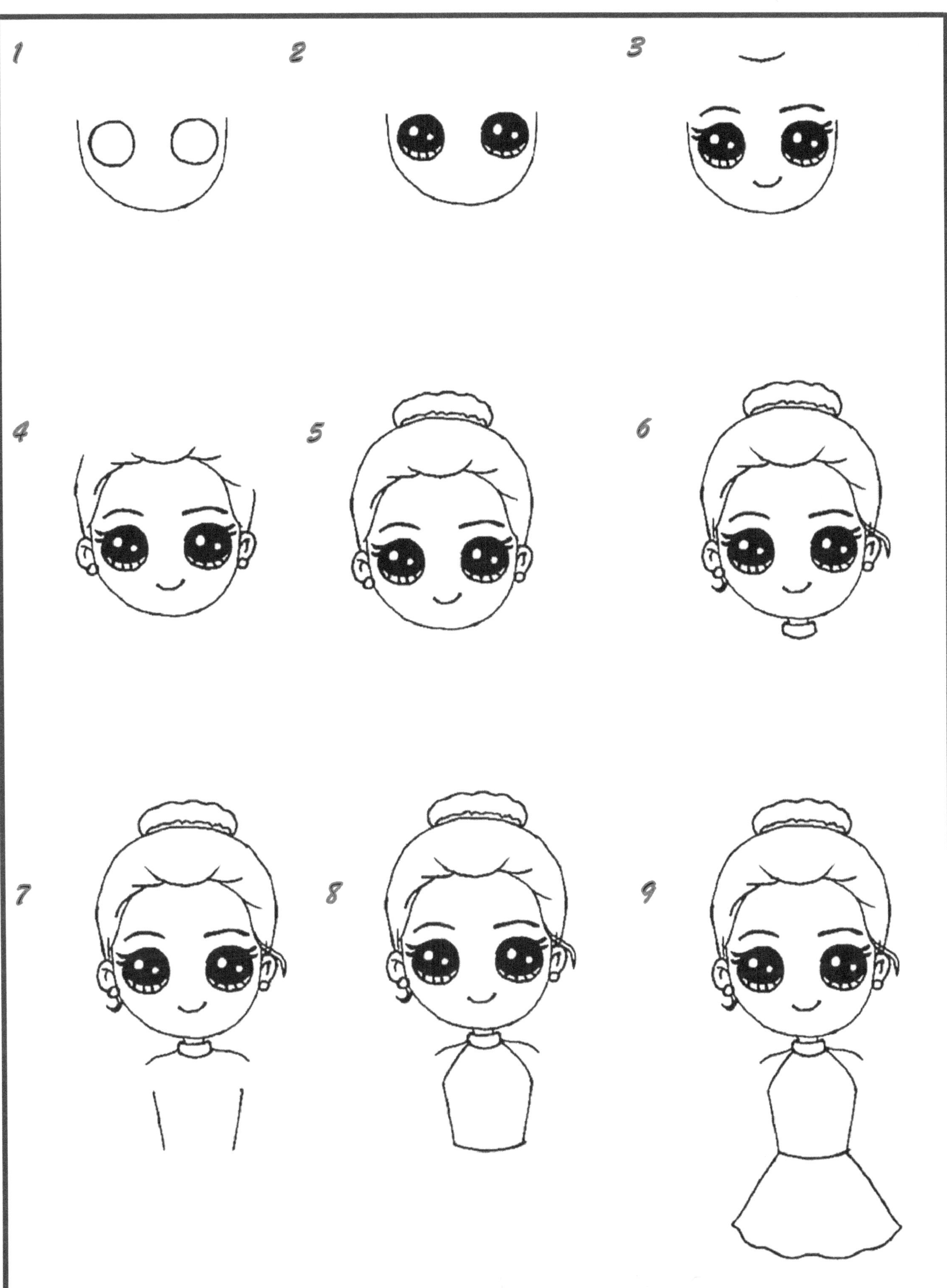

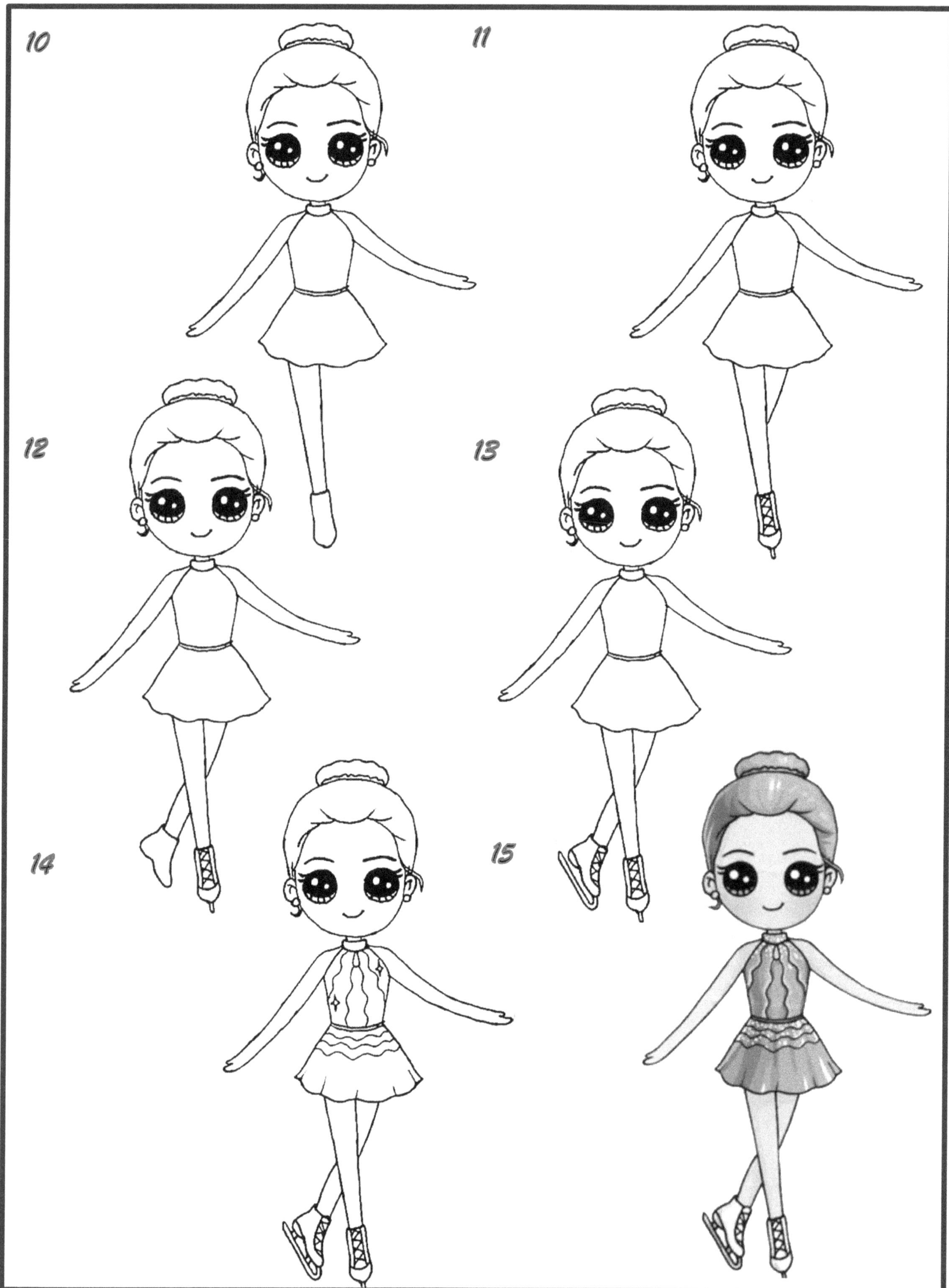
10
11
12
13
14
15

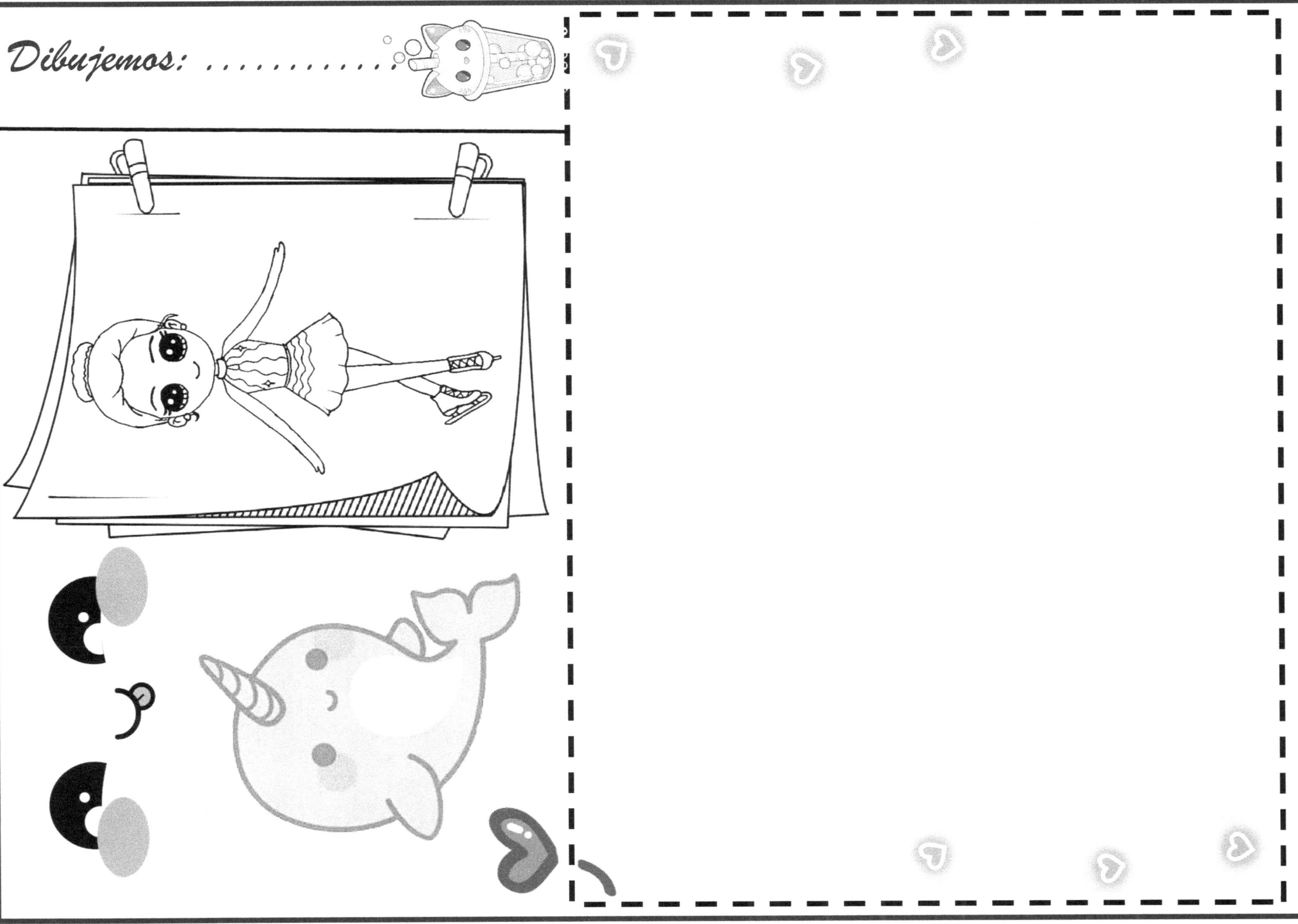

Dibujemos: ....

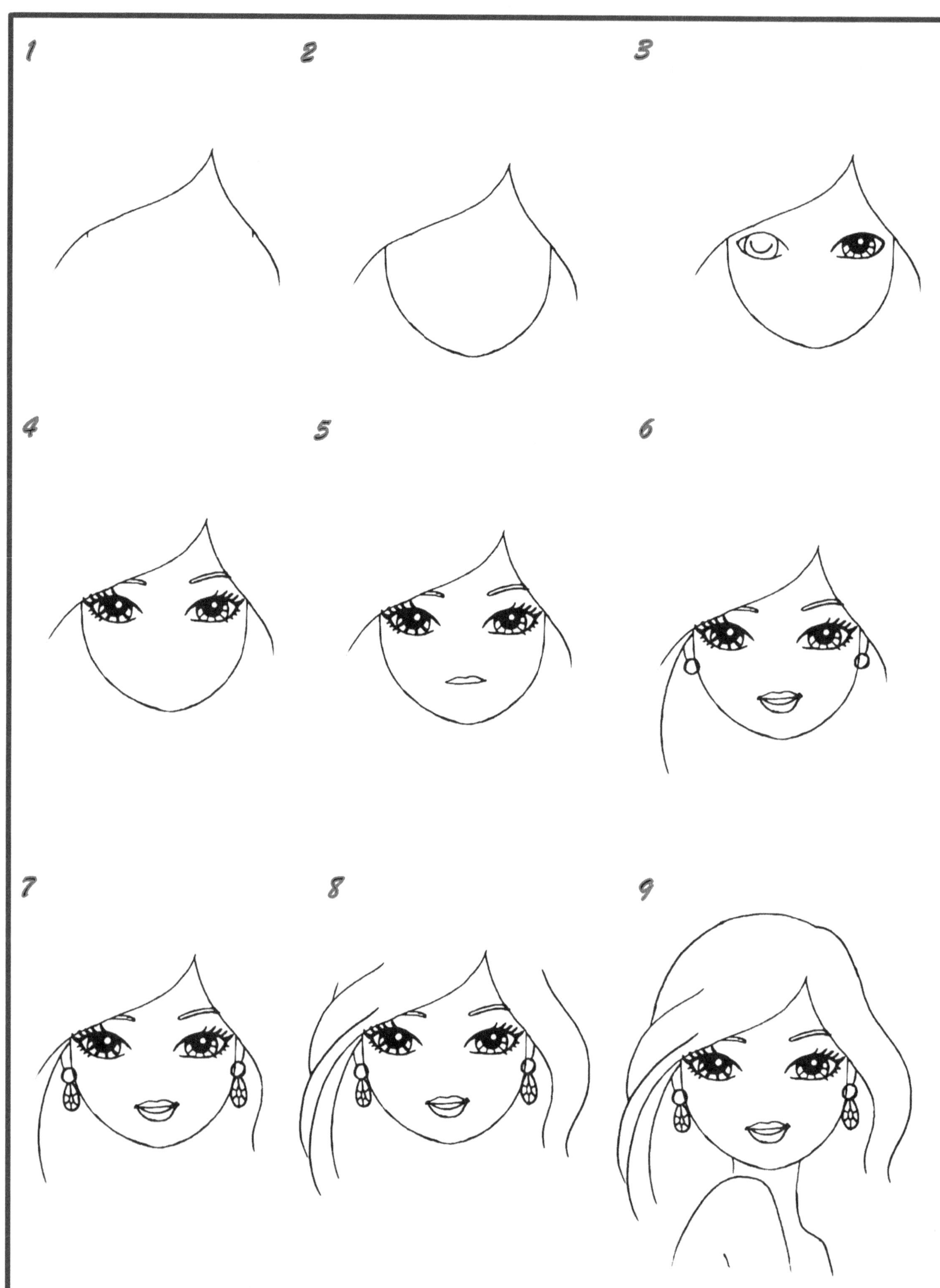

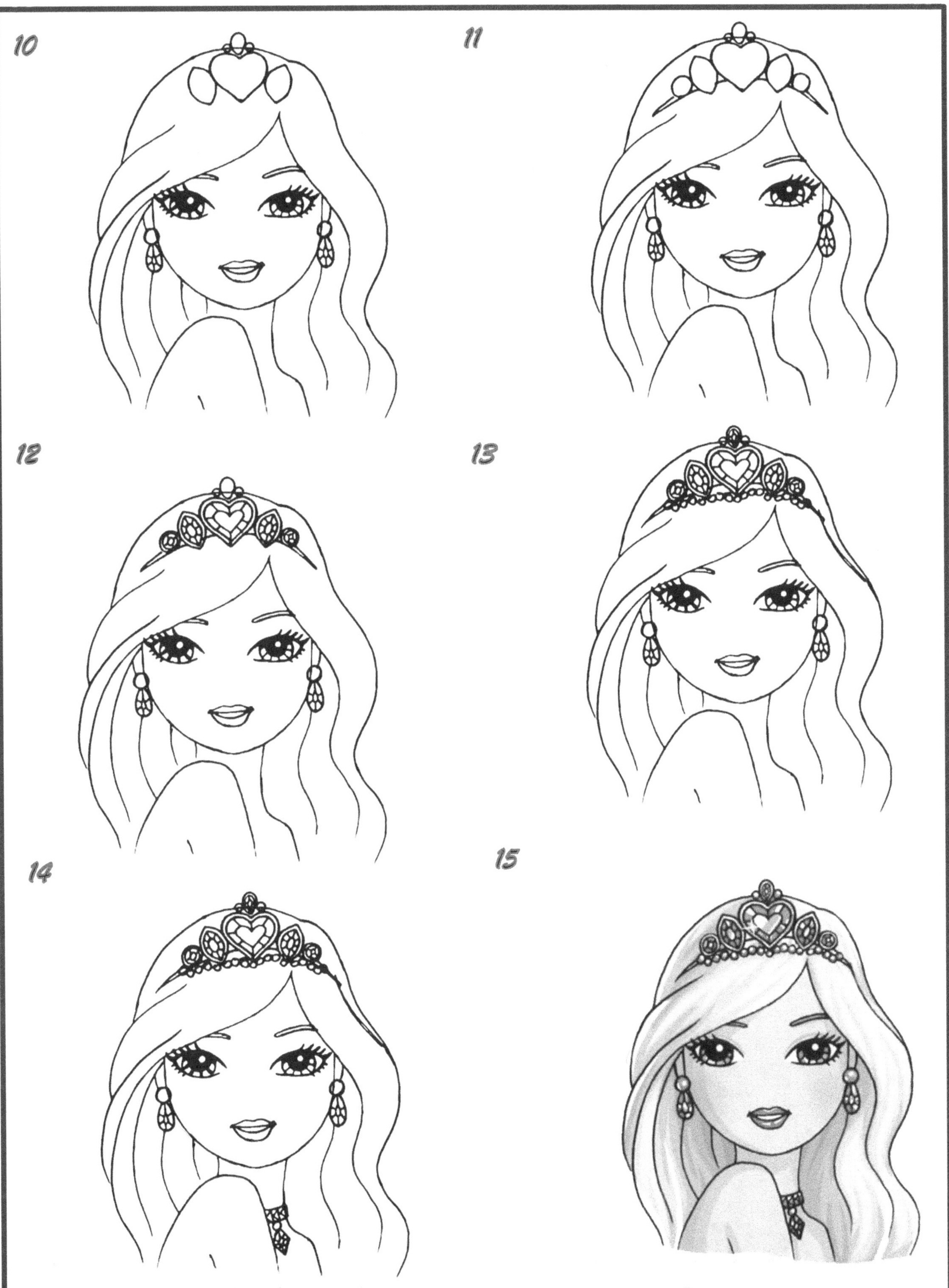

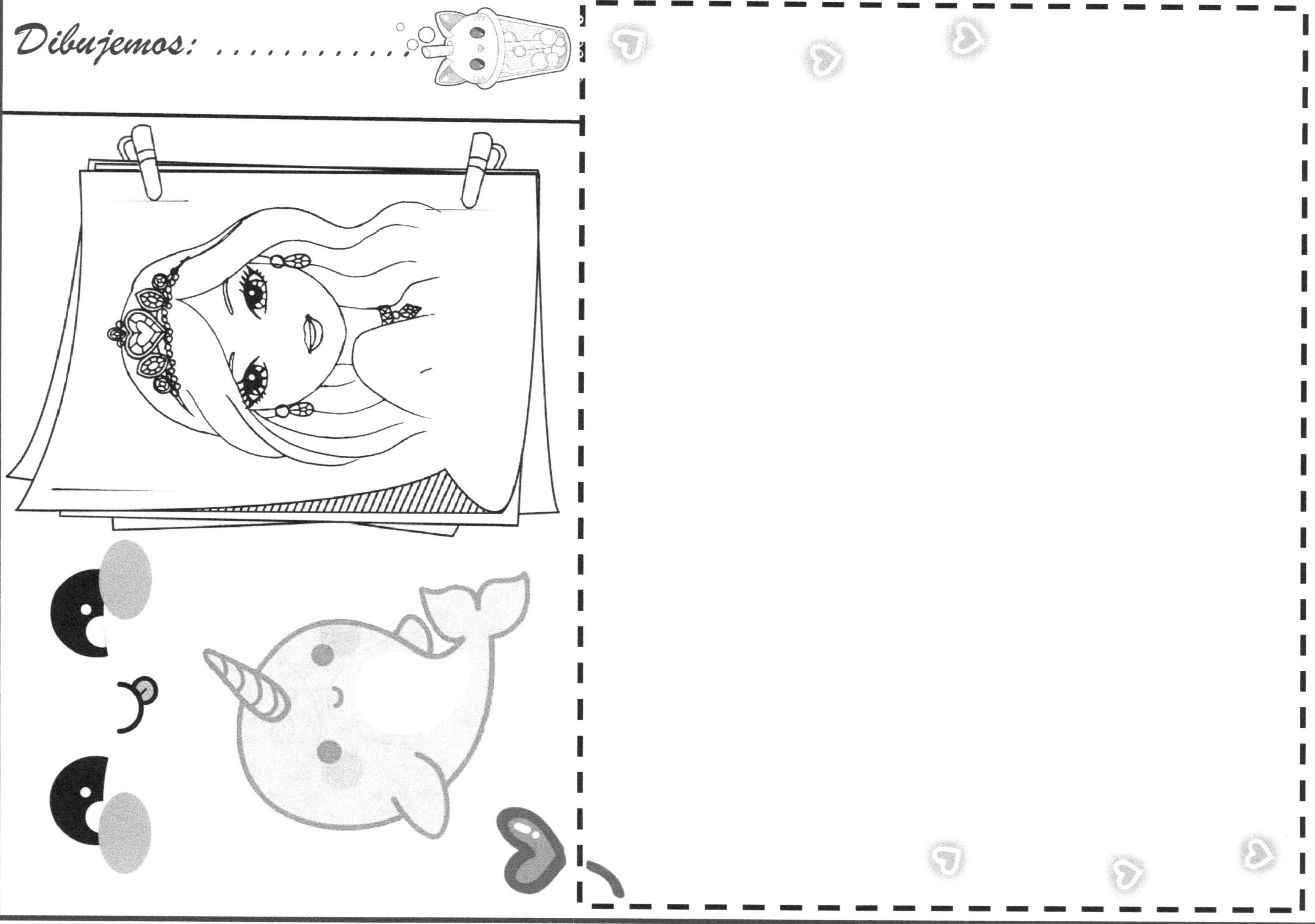

Dibujemos: ....

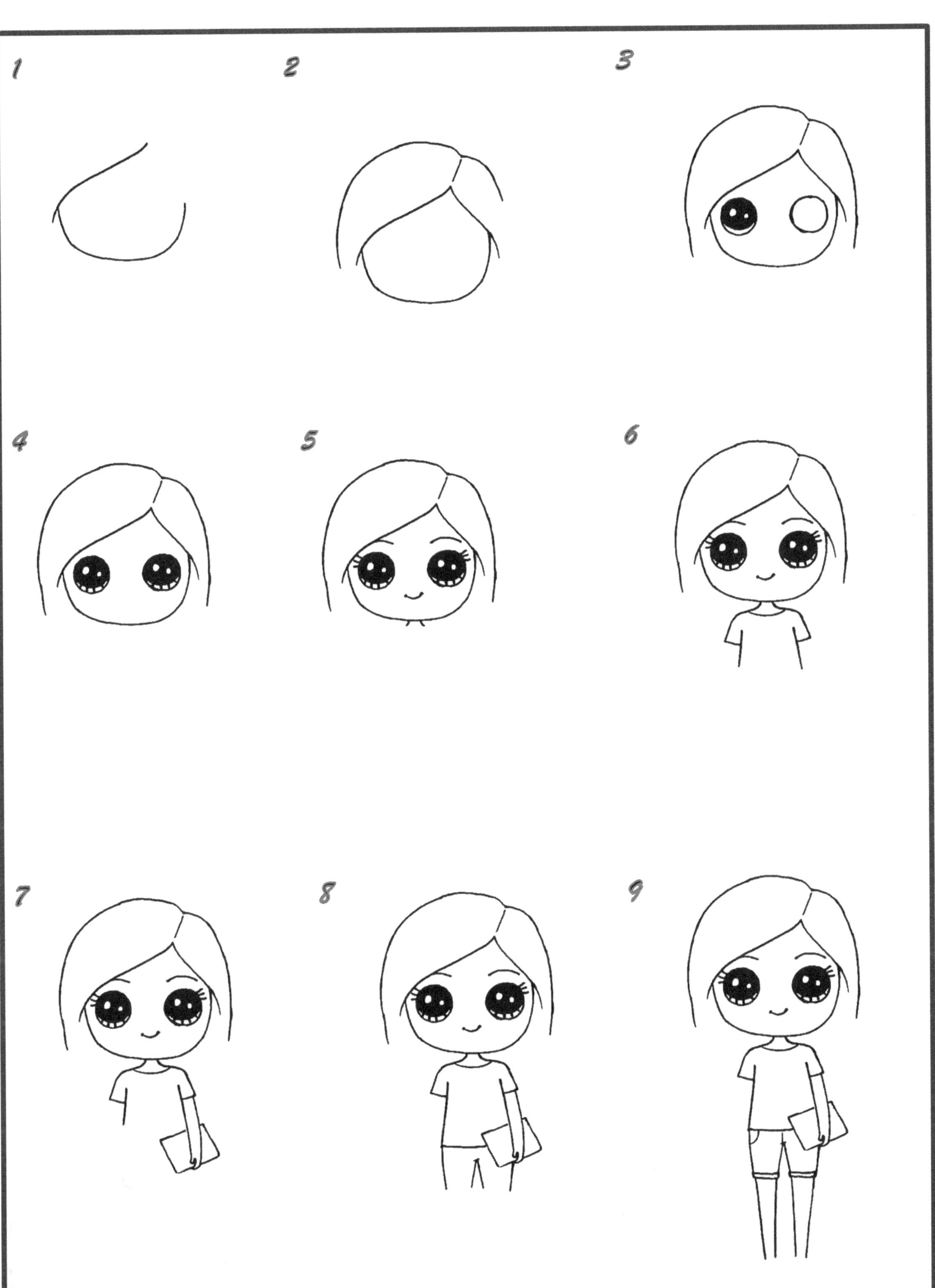

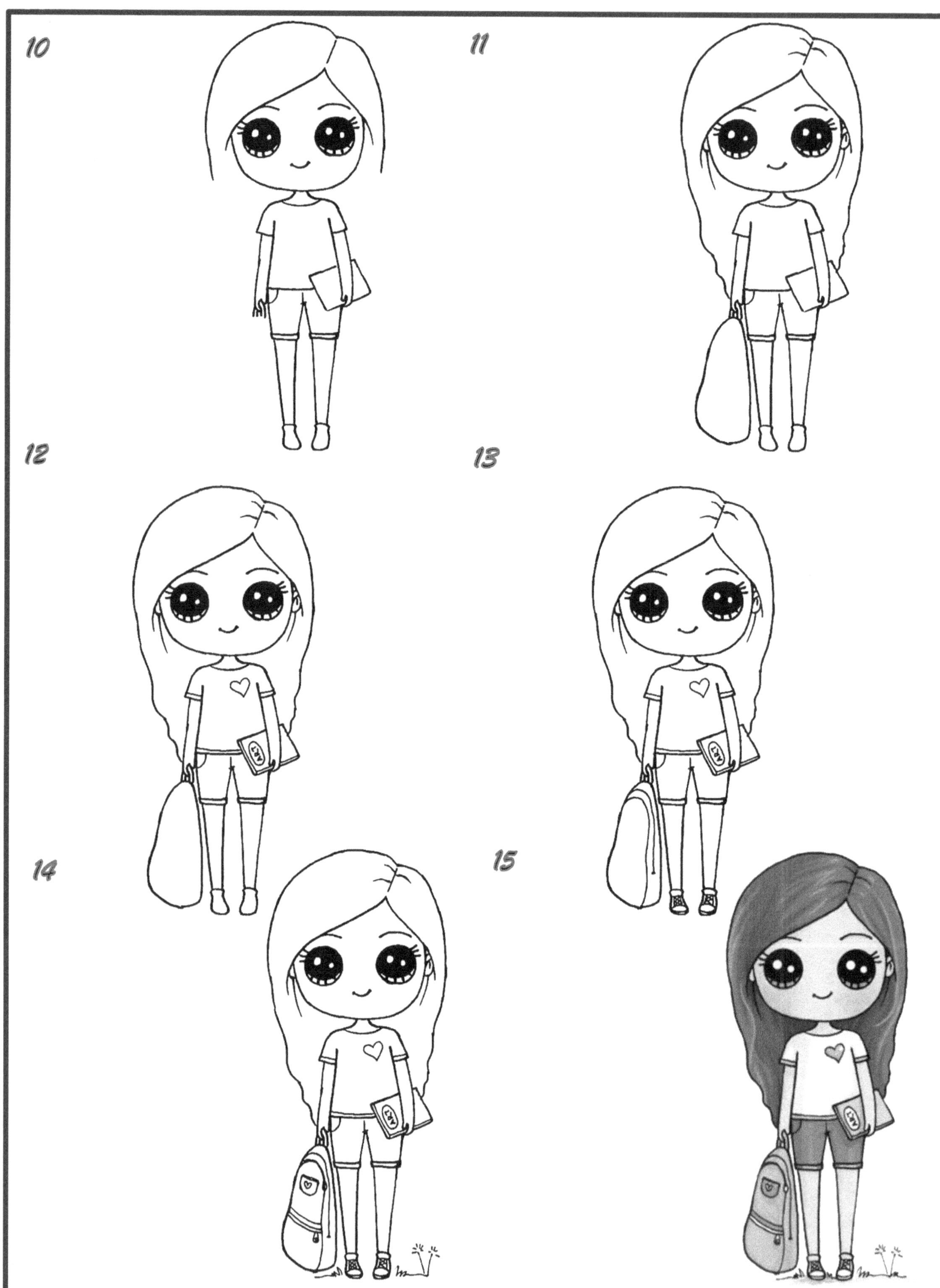

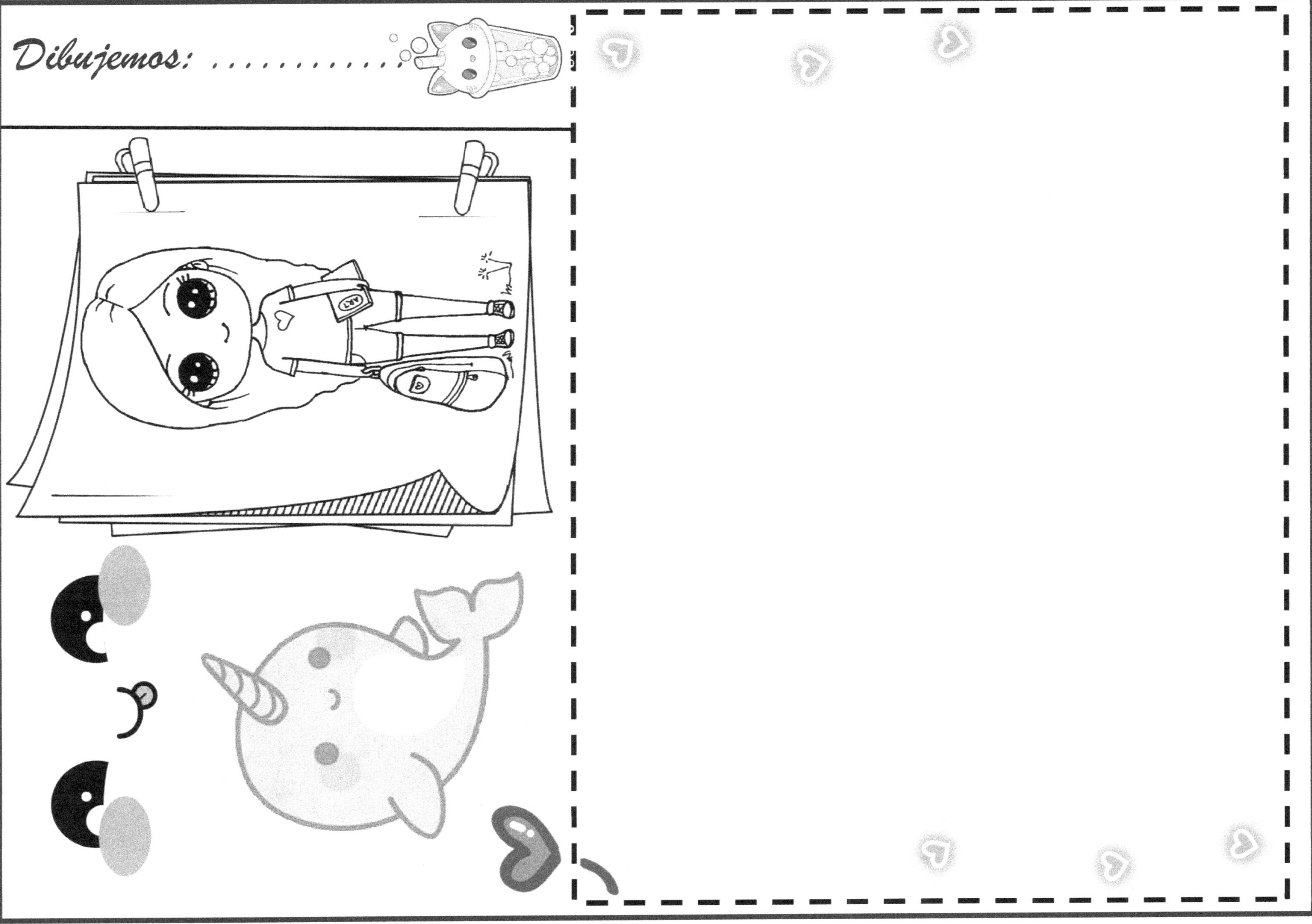

Dibujemos: ....

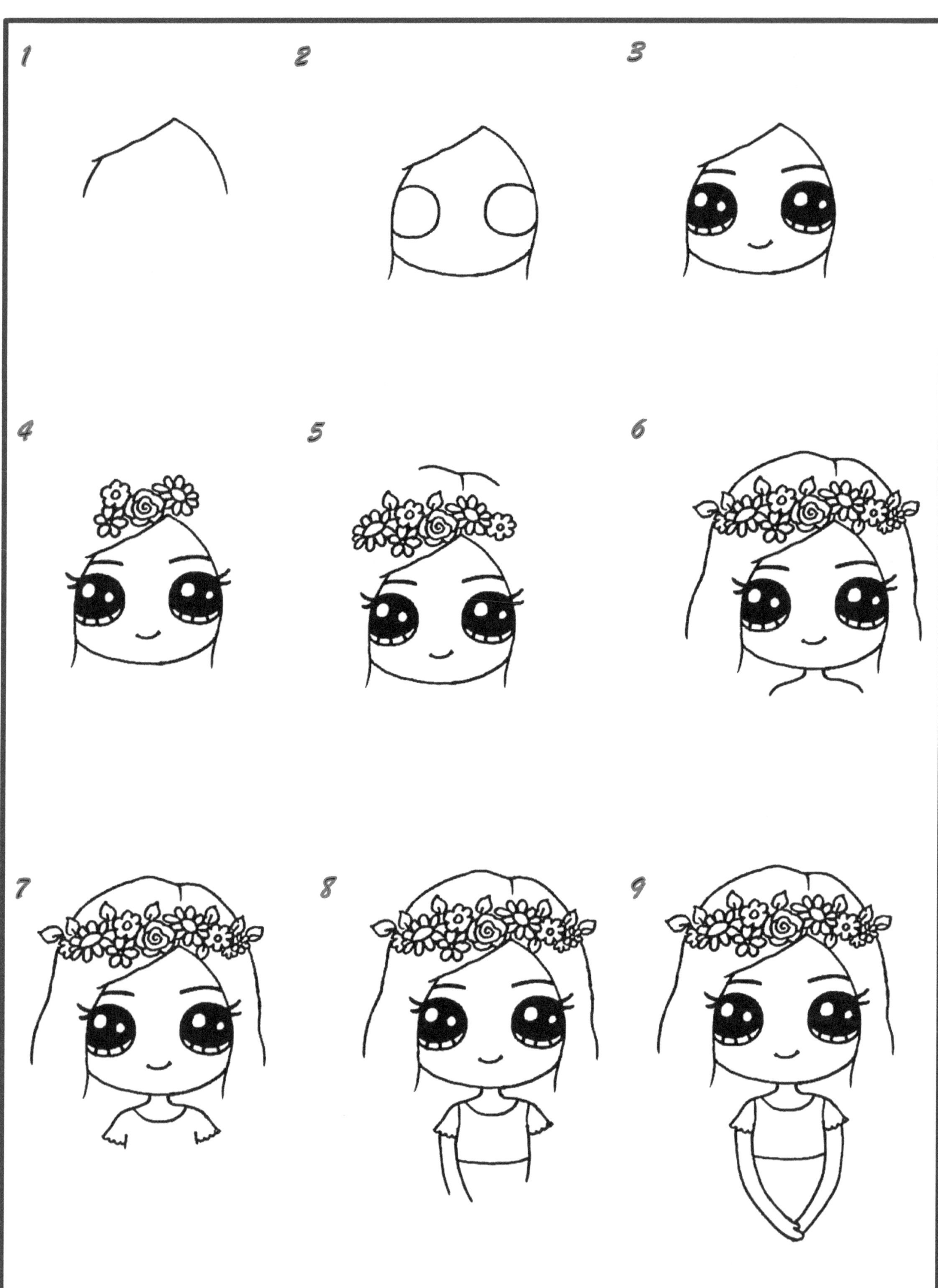

1
2
3
4
5
6
7
8
9

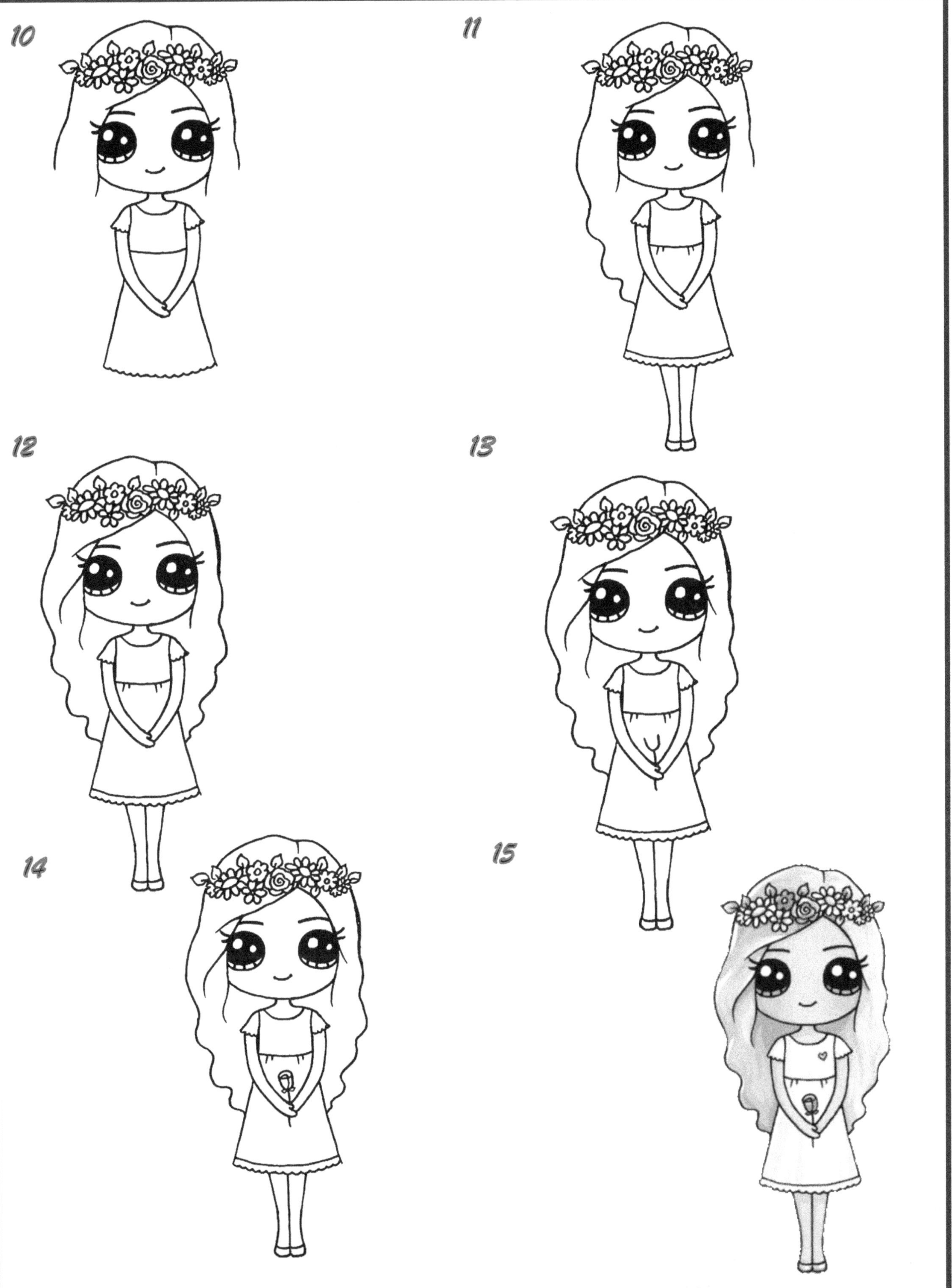
10
11
12
13
14
15

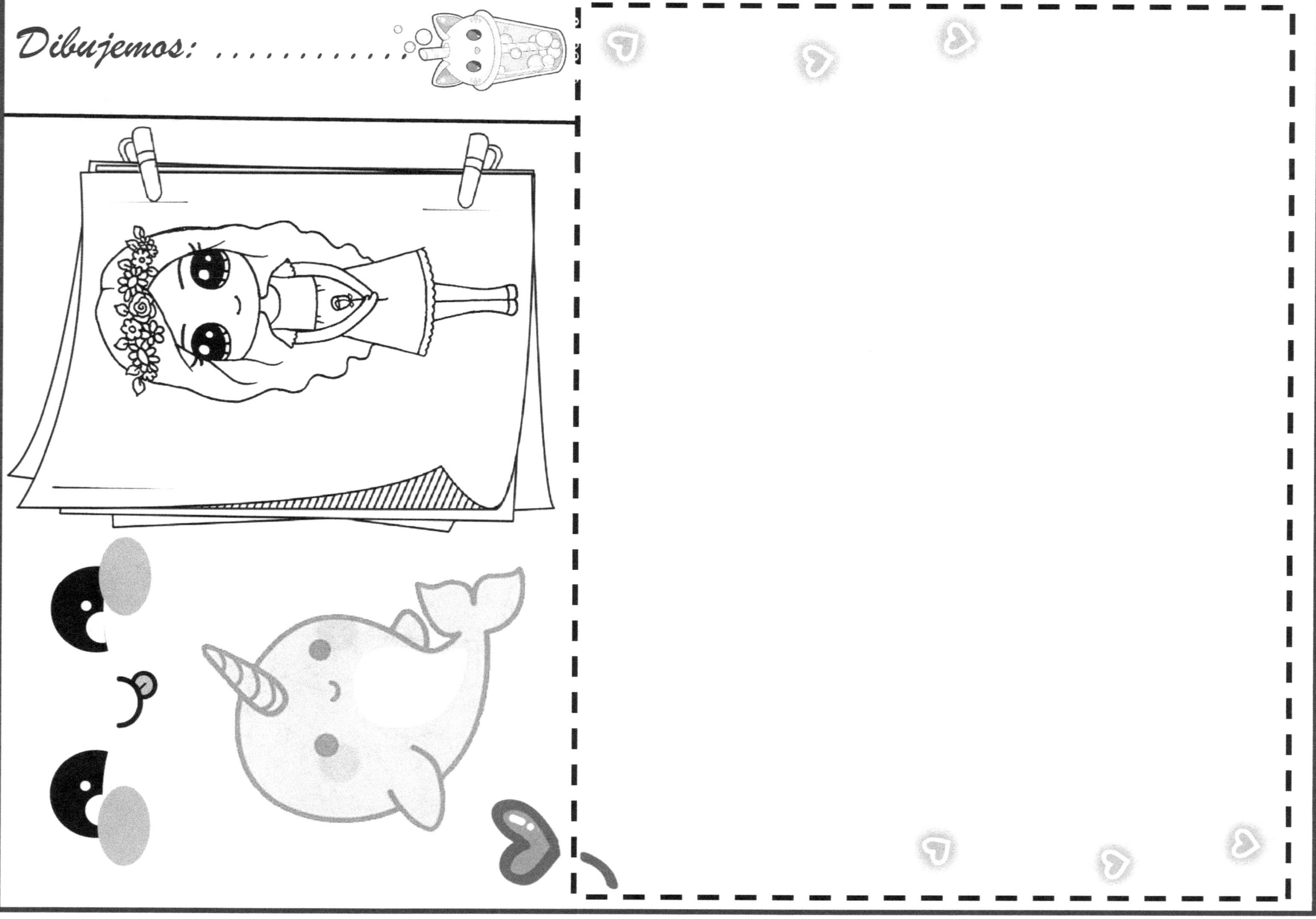
Dibujemos: ....

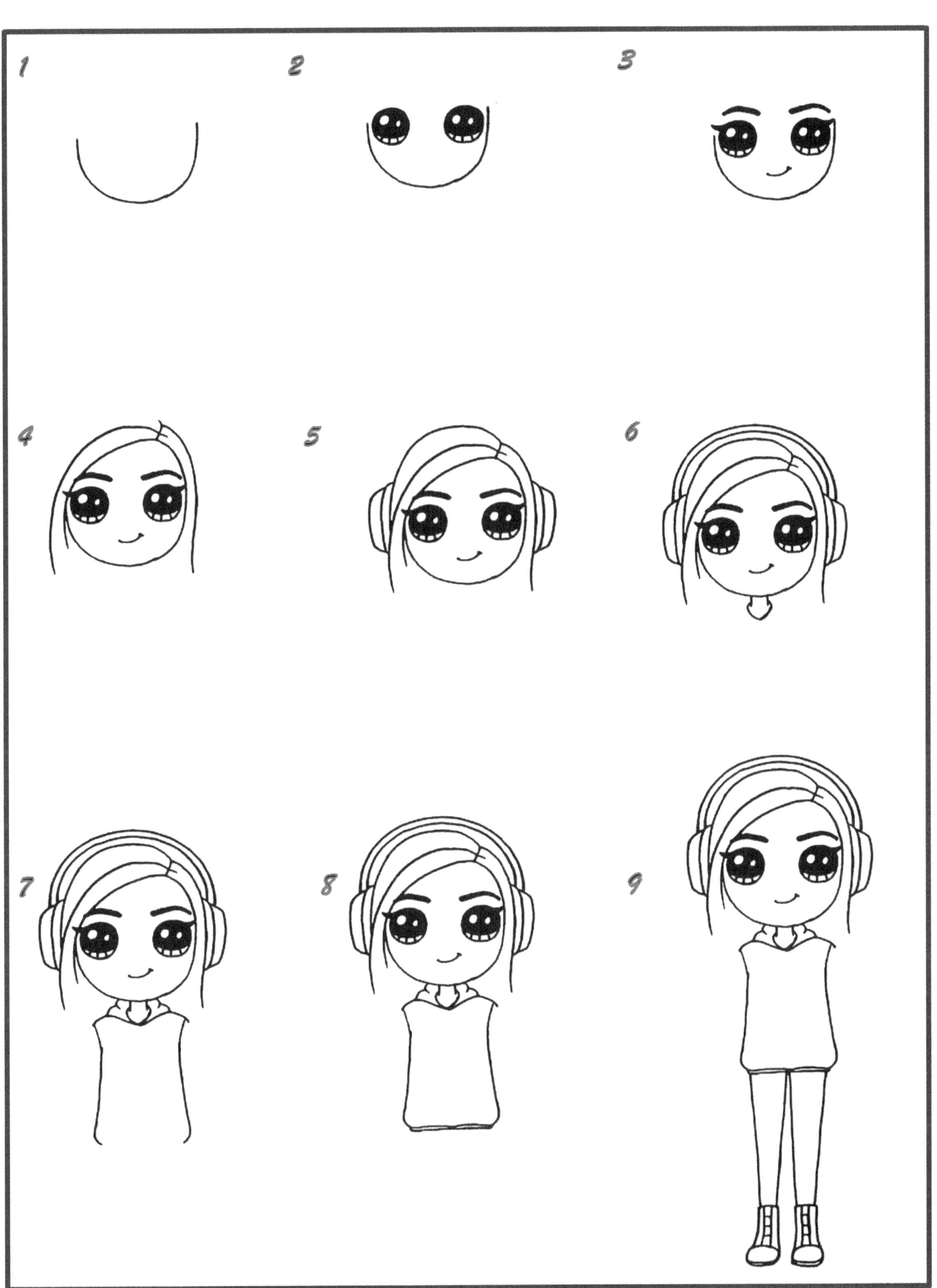

1
2
3
4
5
6
7
8
9

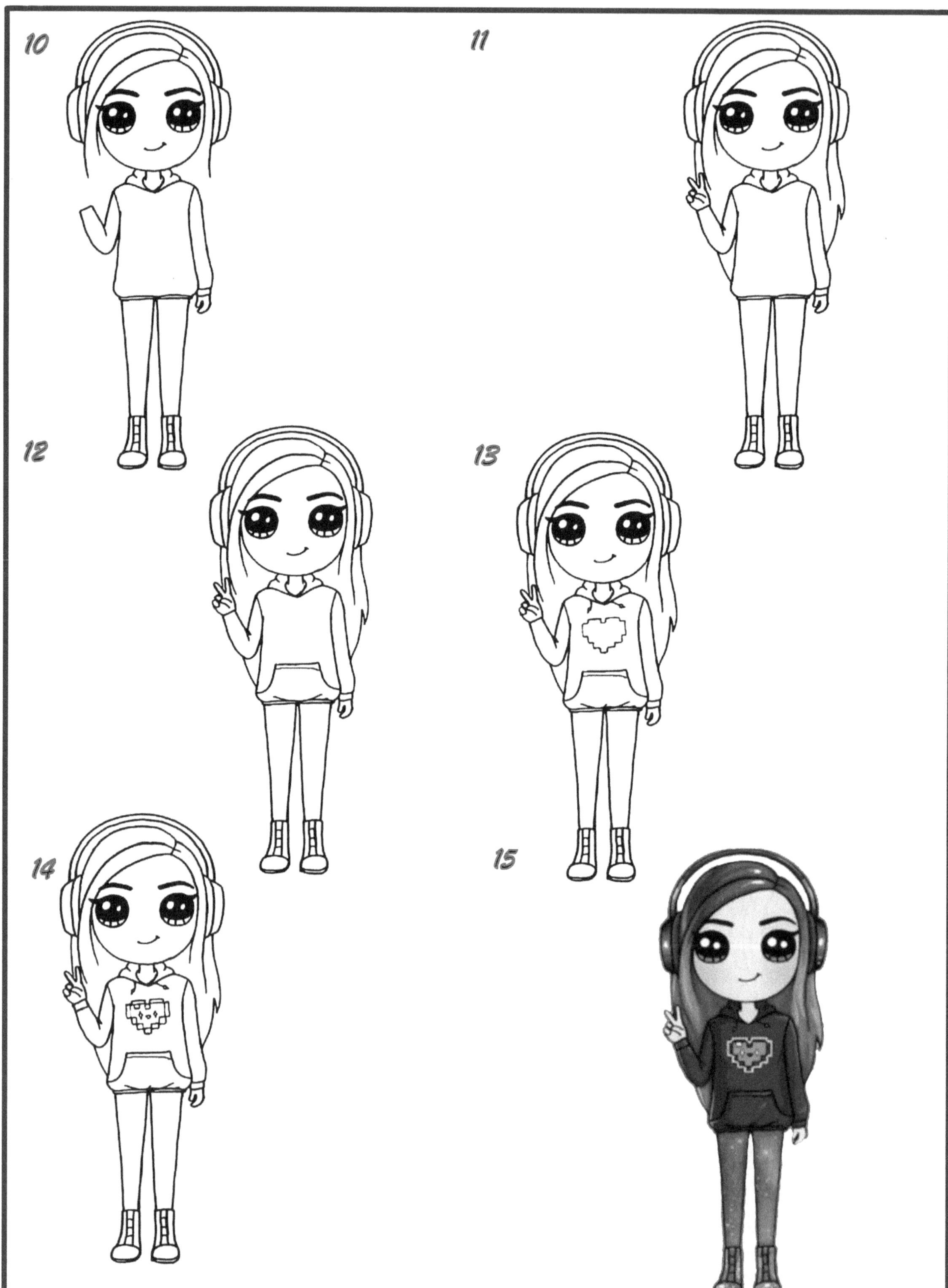

10
11
12
13
14
15

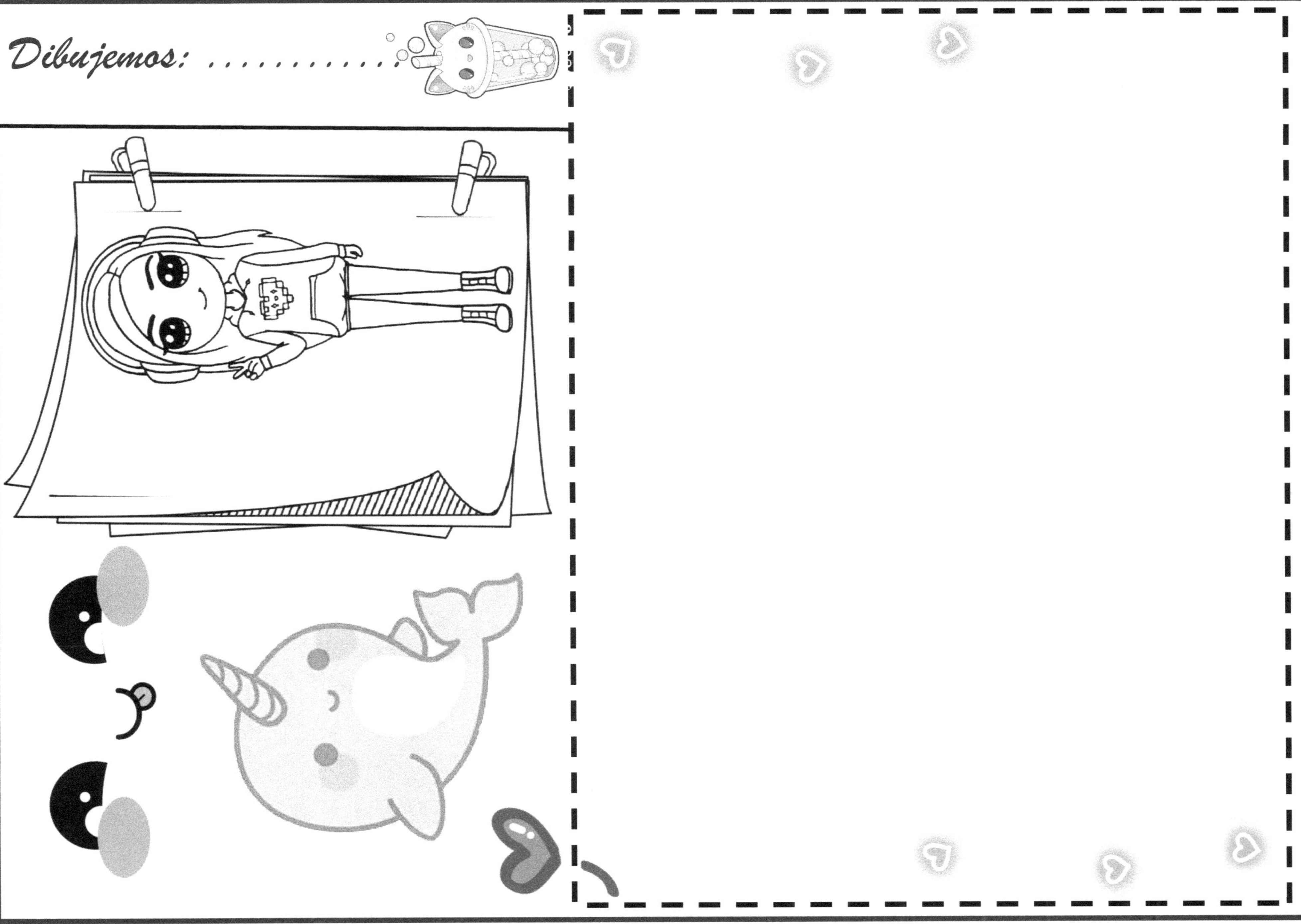

Dibujemos: ....

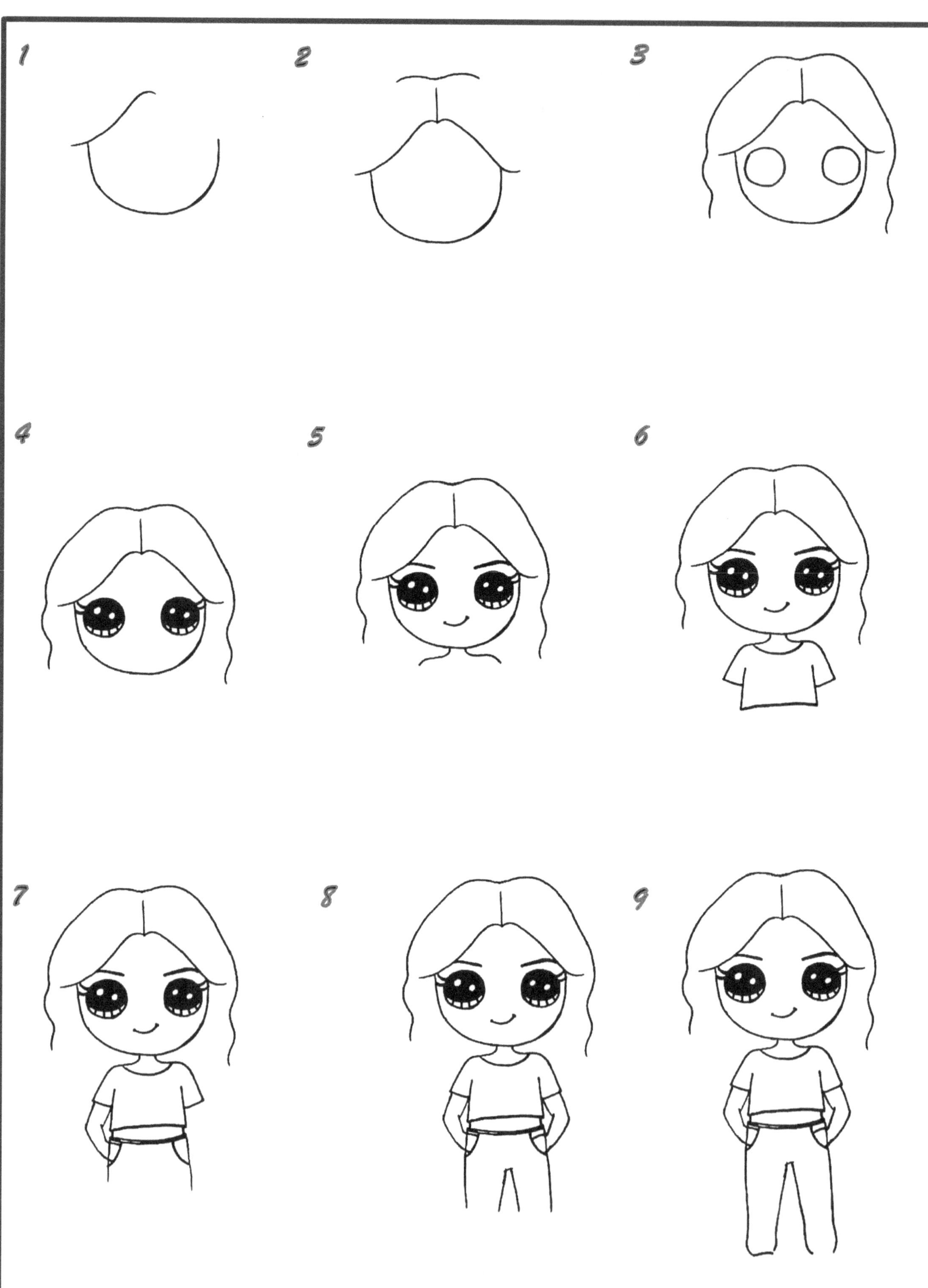

1
2
3
4
5
6
7
8
9

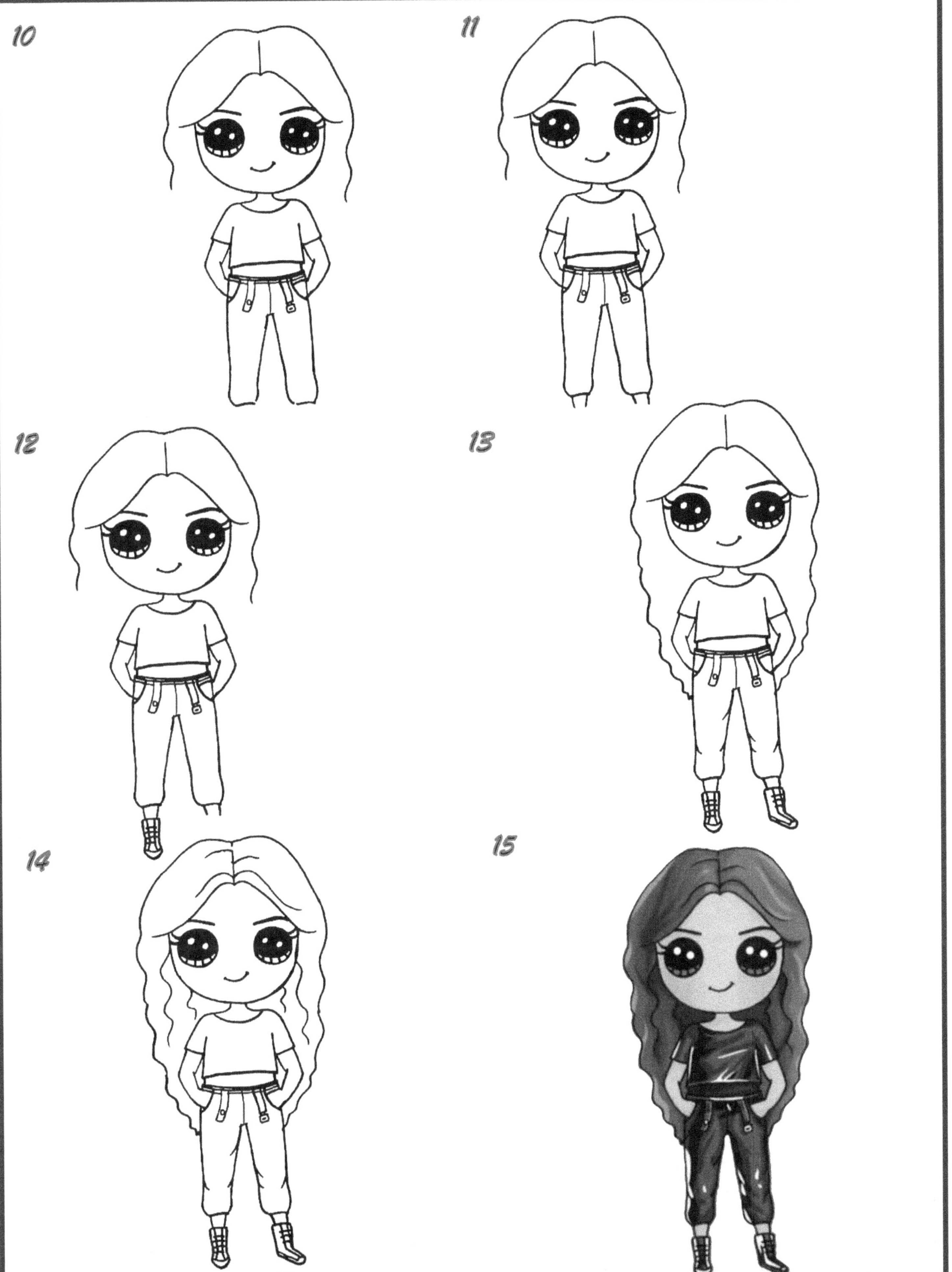

10
11
12
13
14
15

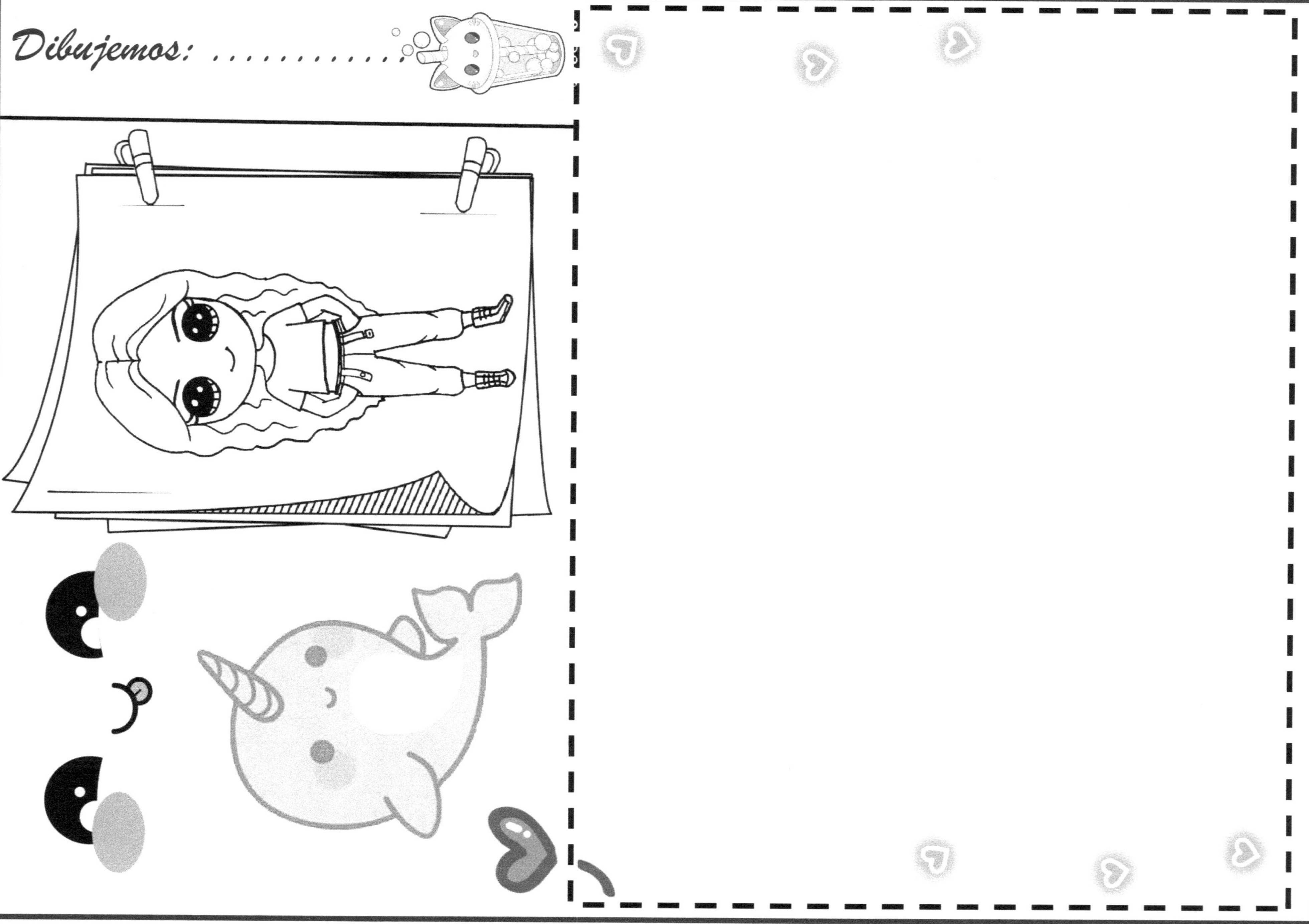

Dibujemos: ....

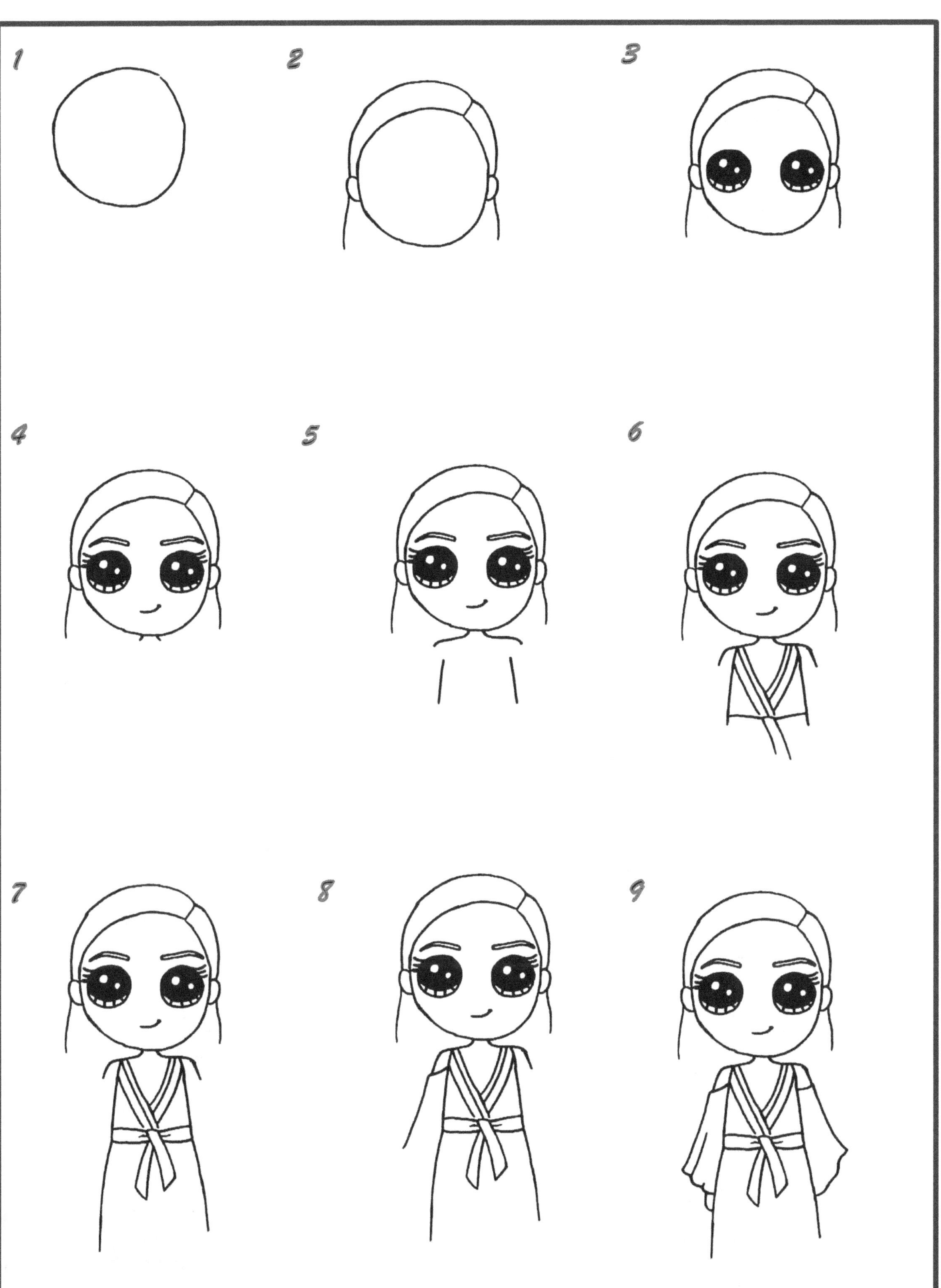

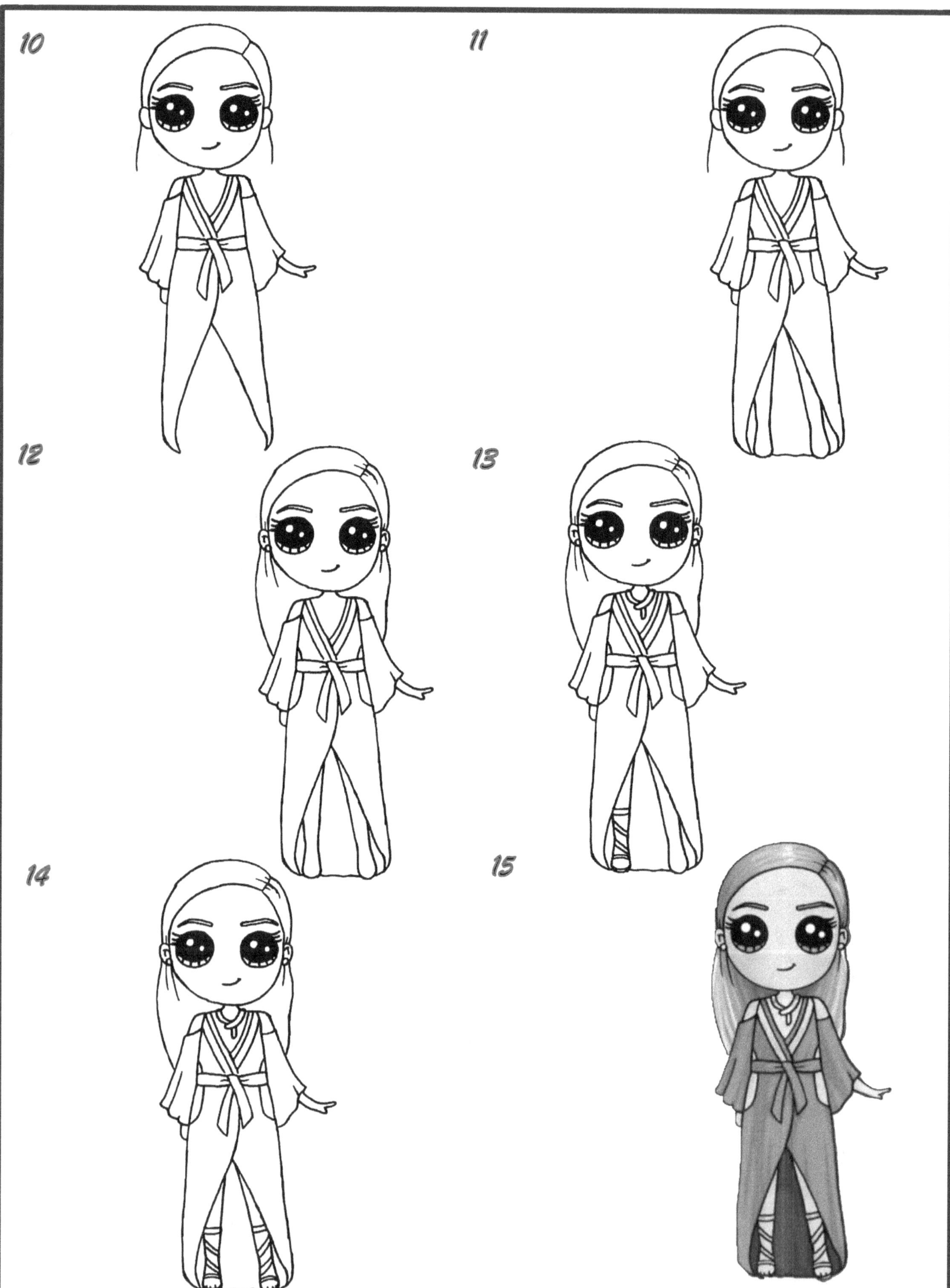

10
11
12
13
14
15

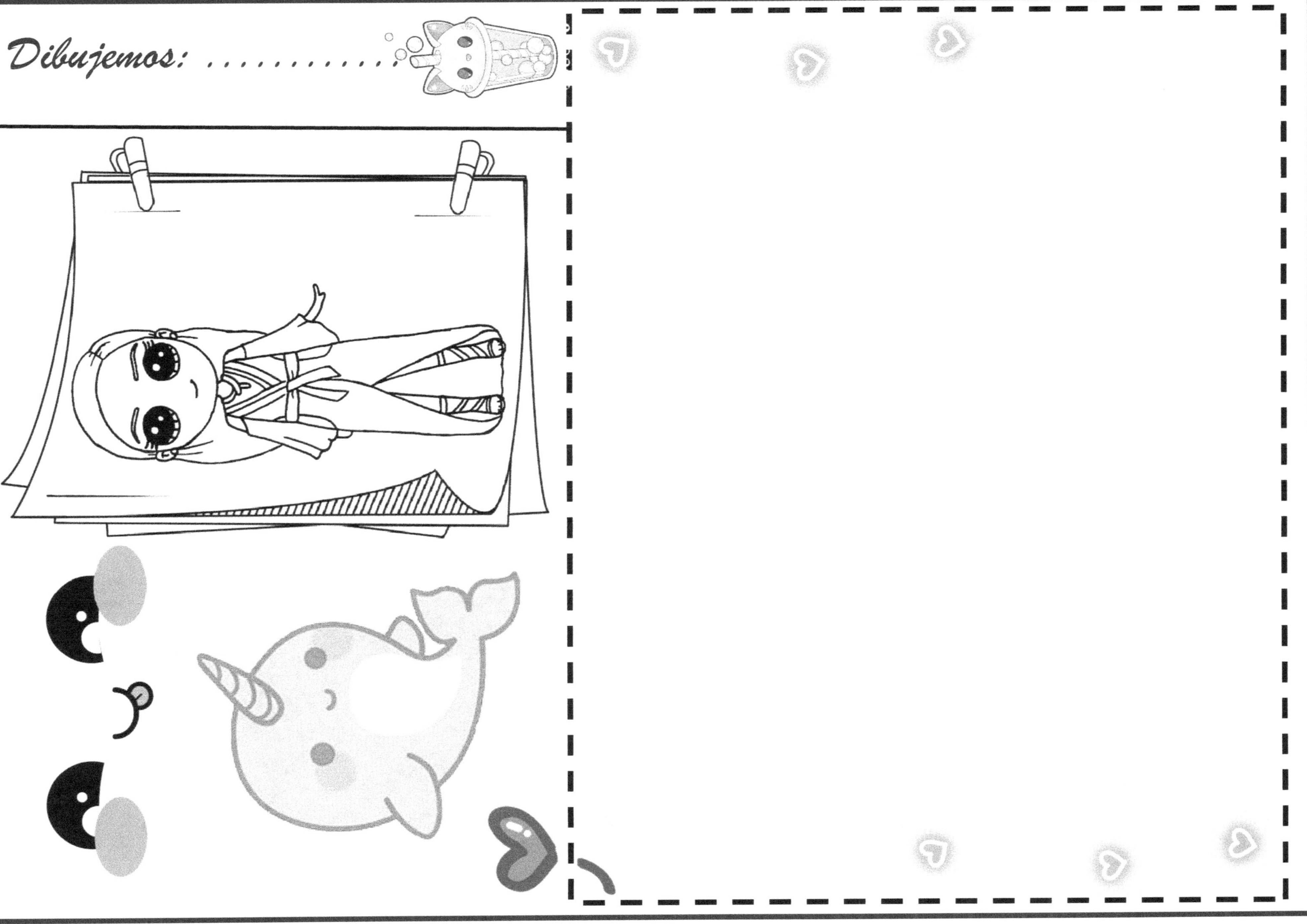

Dibujemos: ....

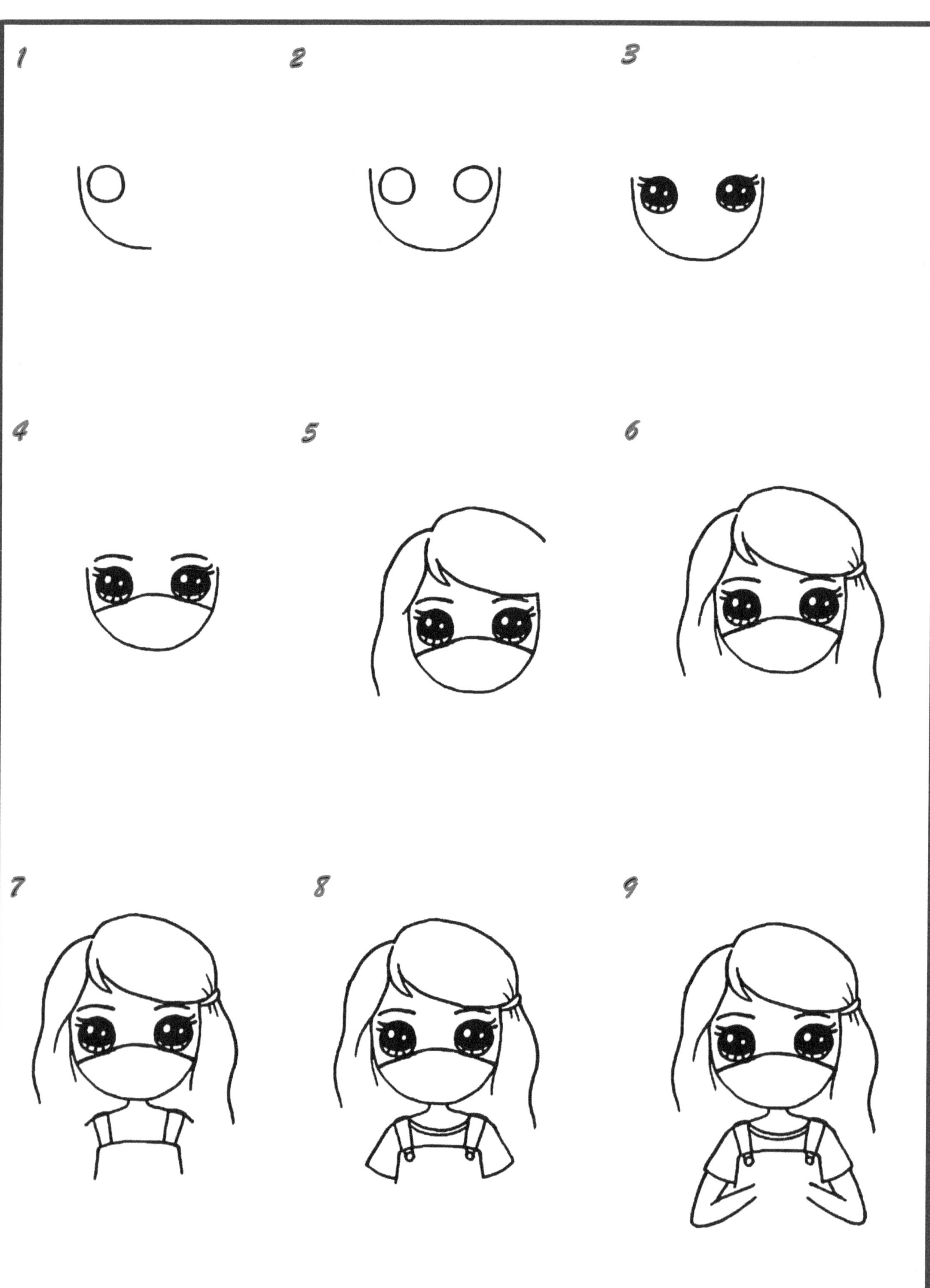

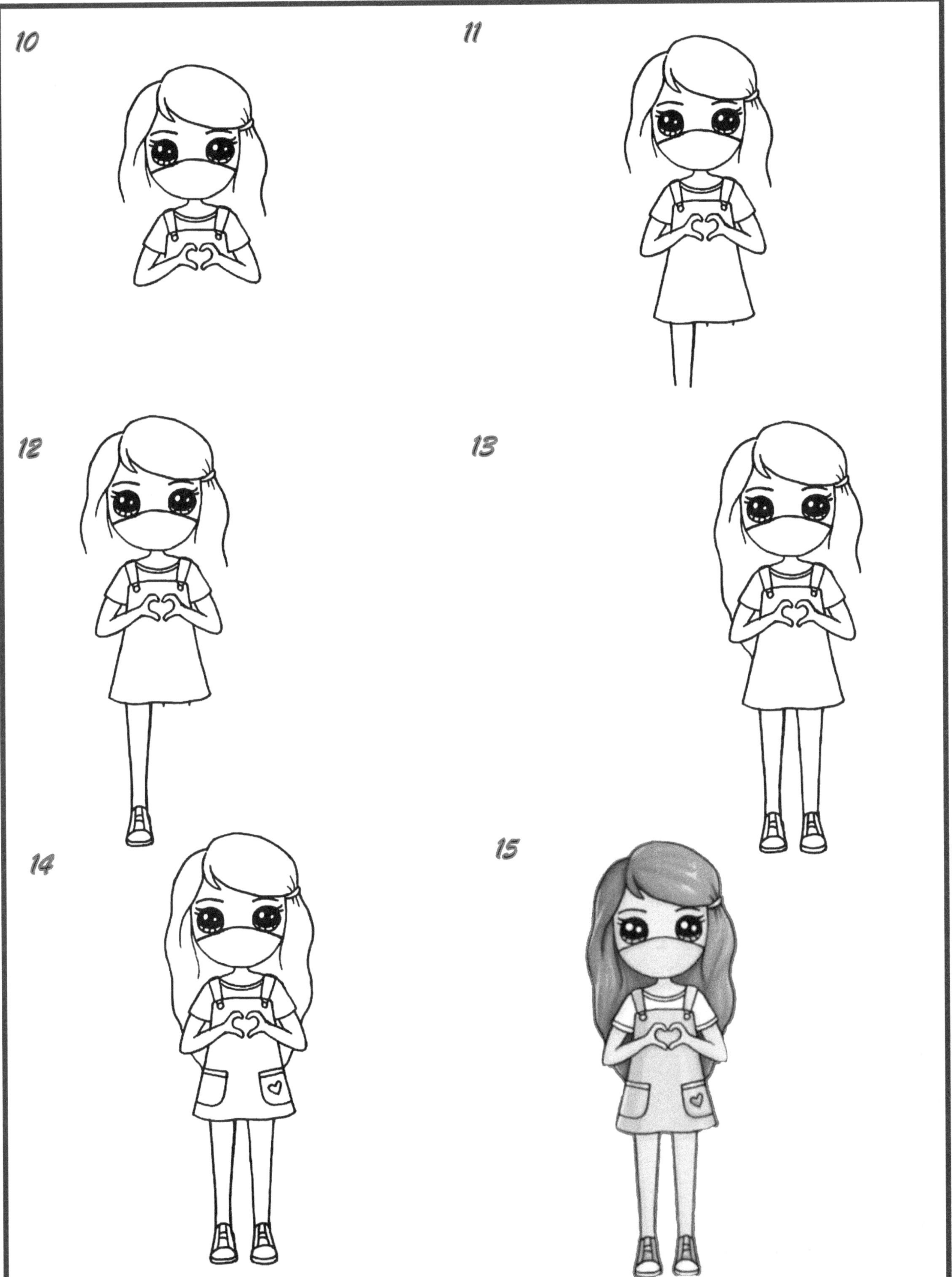

10
11
12
13
14
15

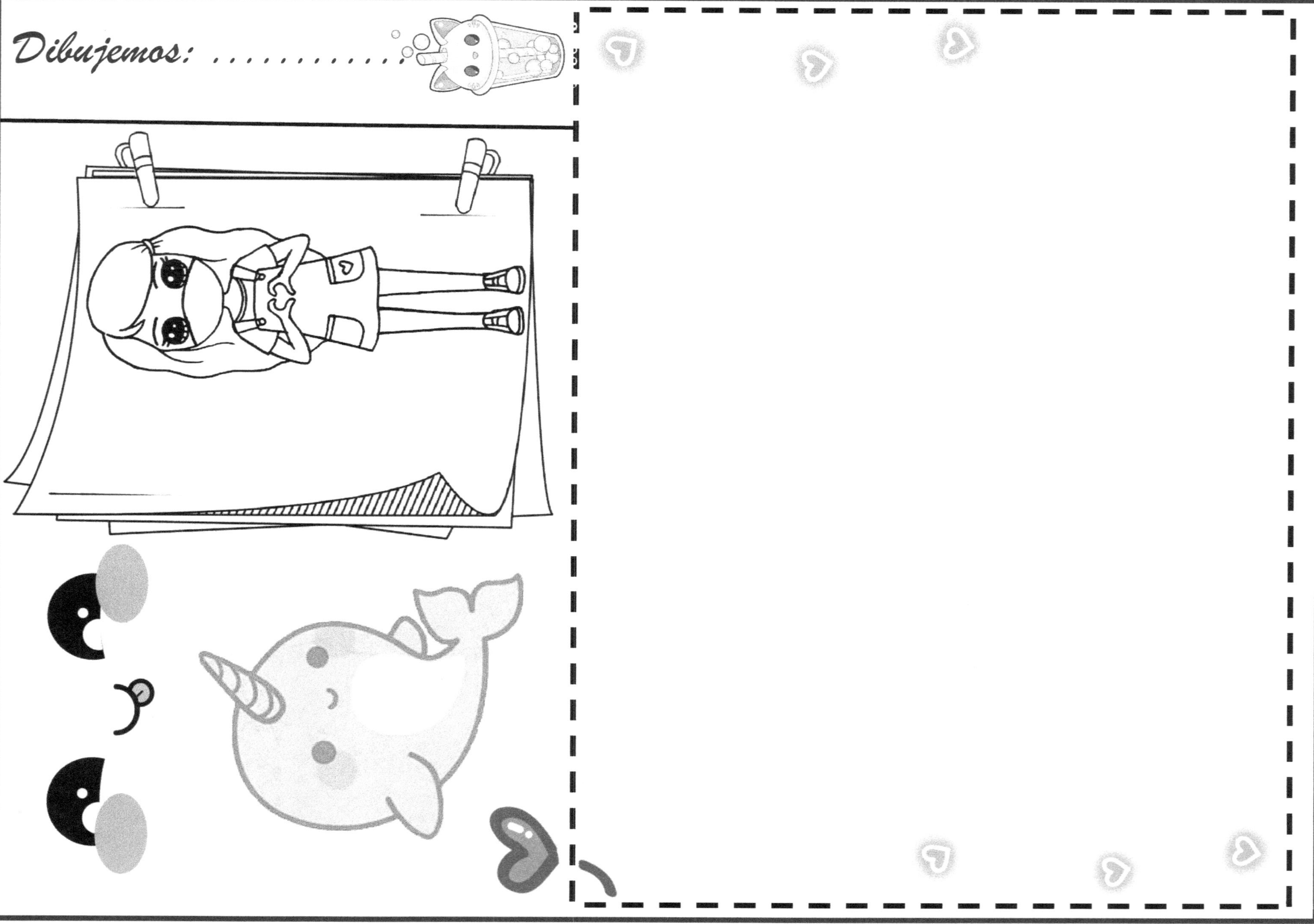

Dibujemos: ....

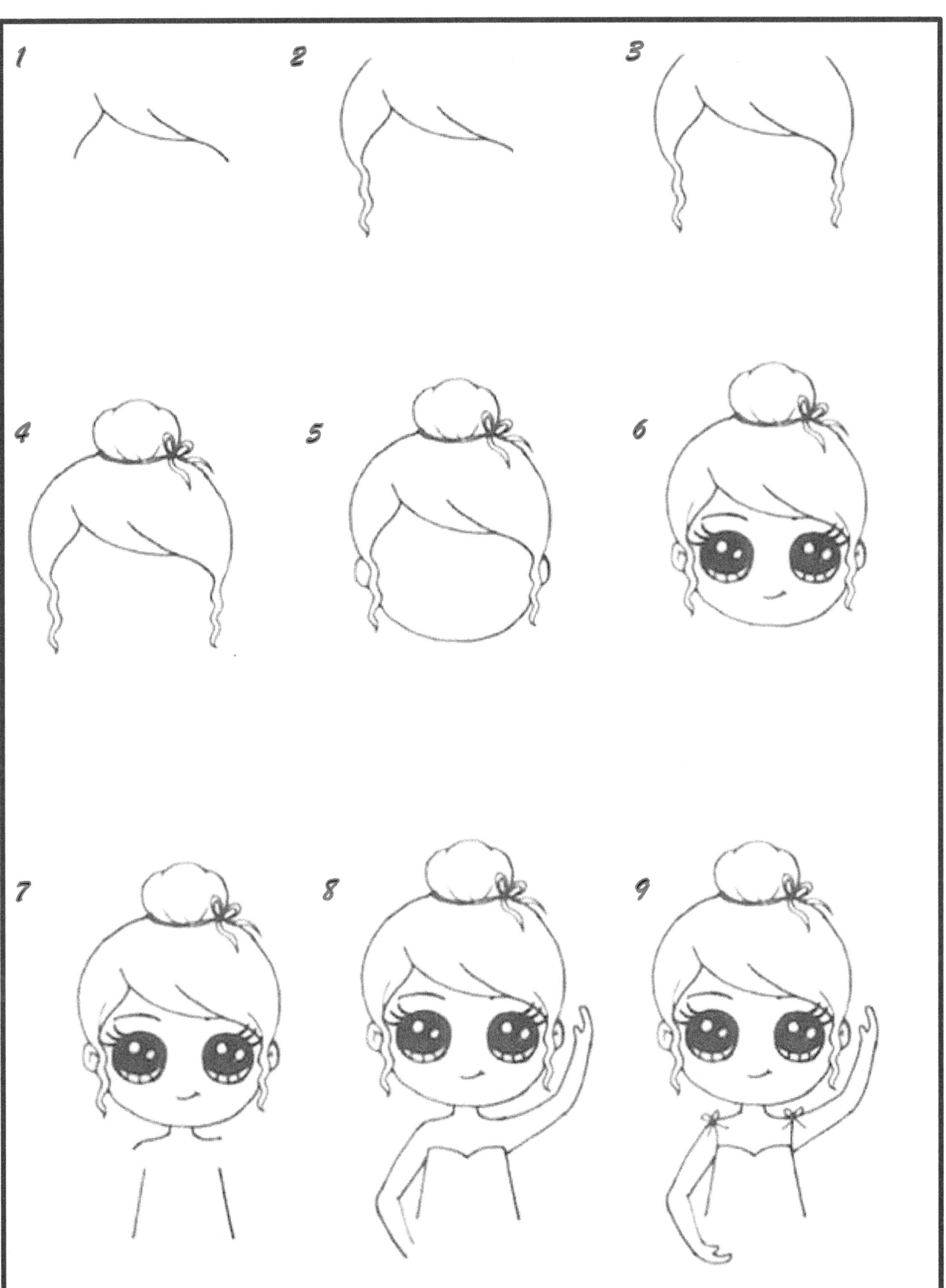

1
2
3
4
5
6
7
8
9

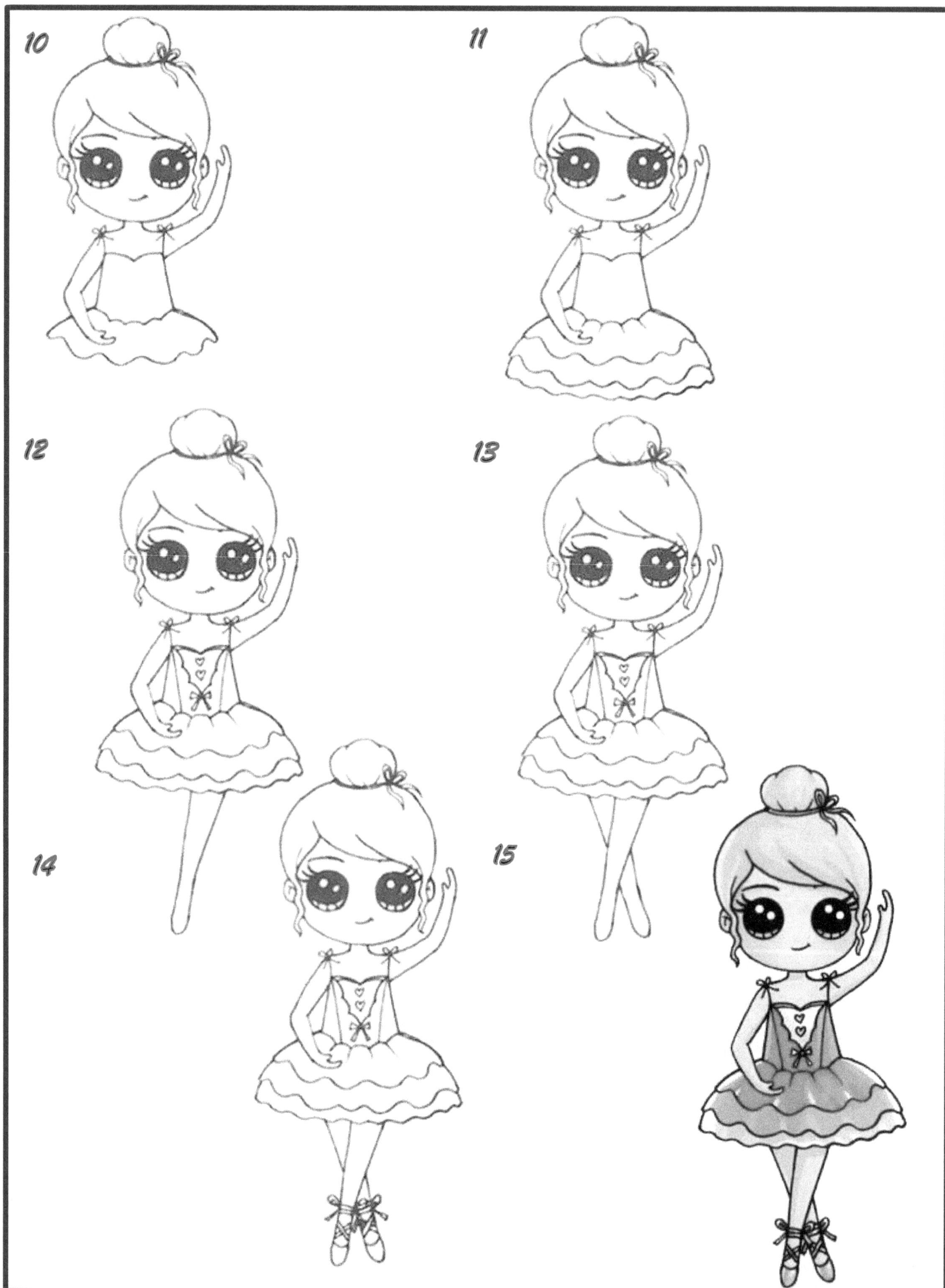

10
11
12
13
14
15

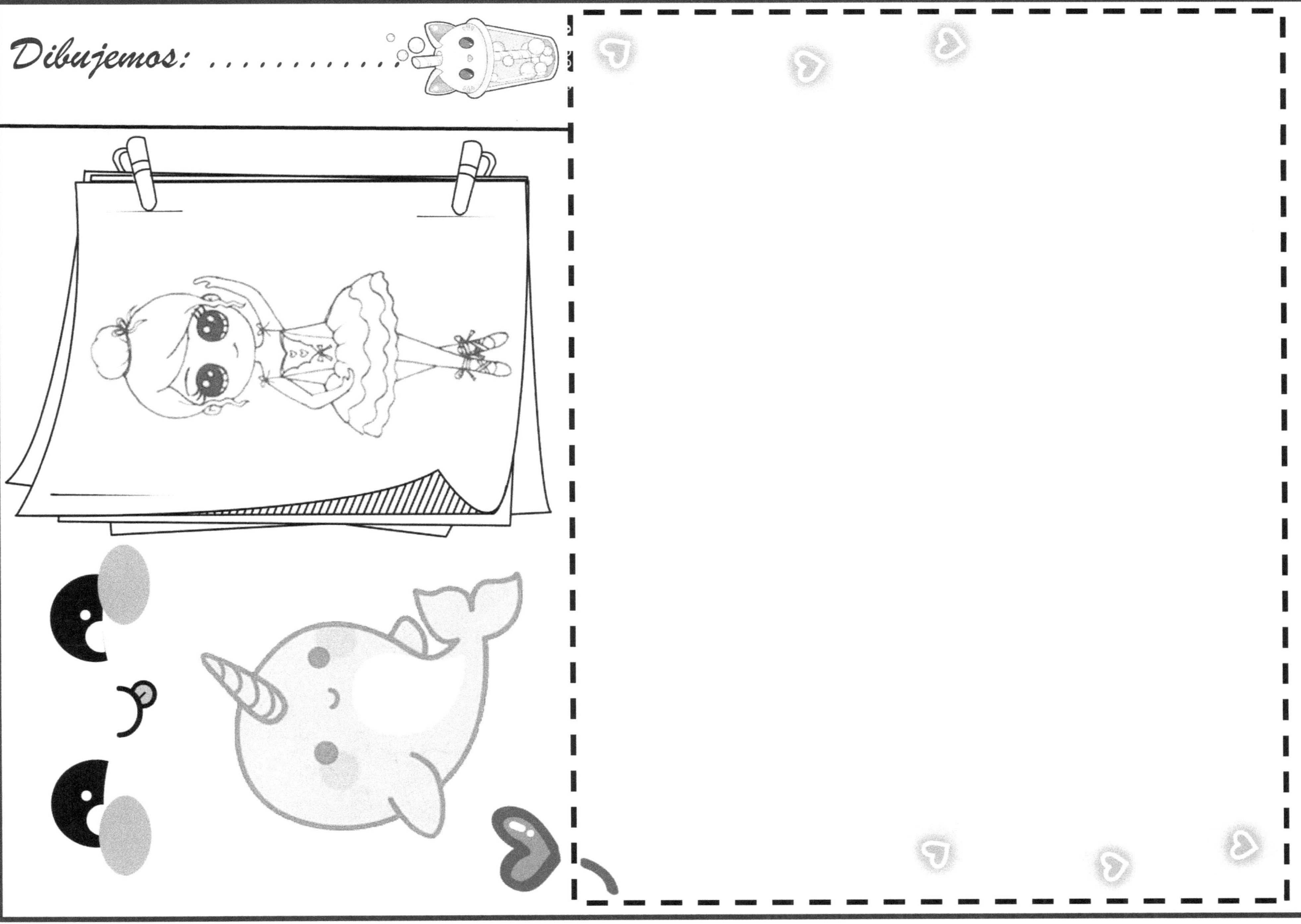

Dibujemos: ....

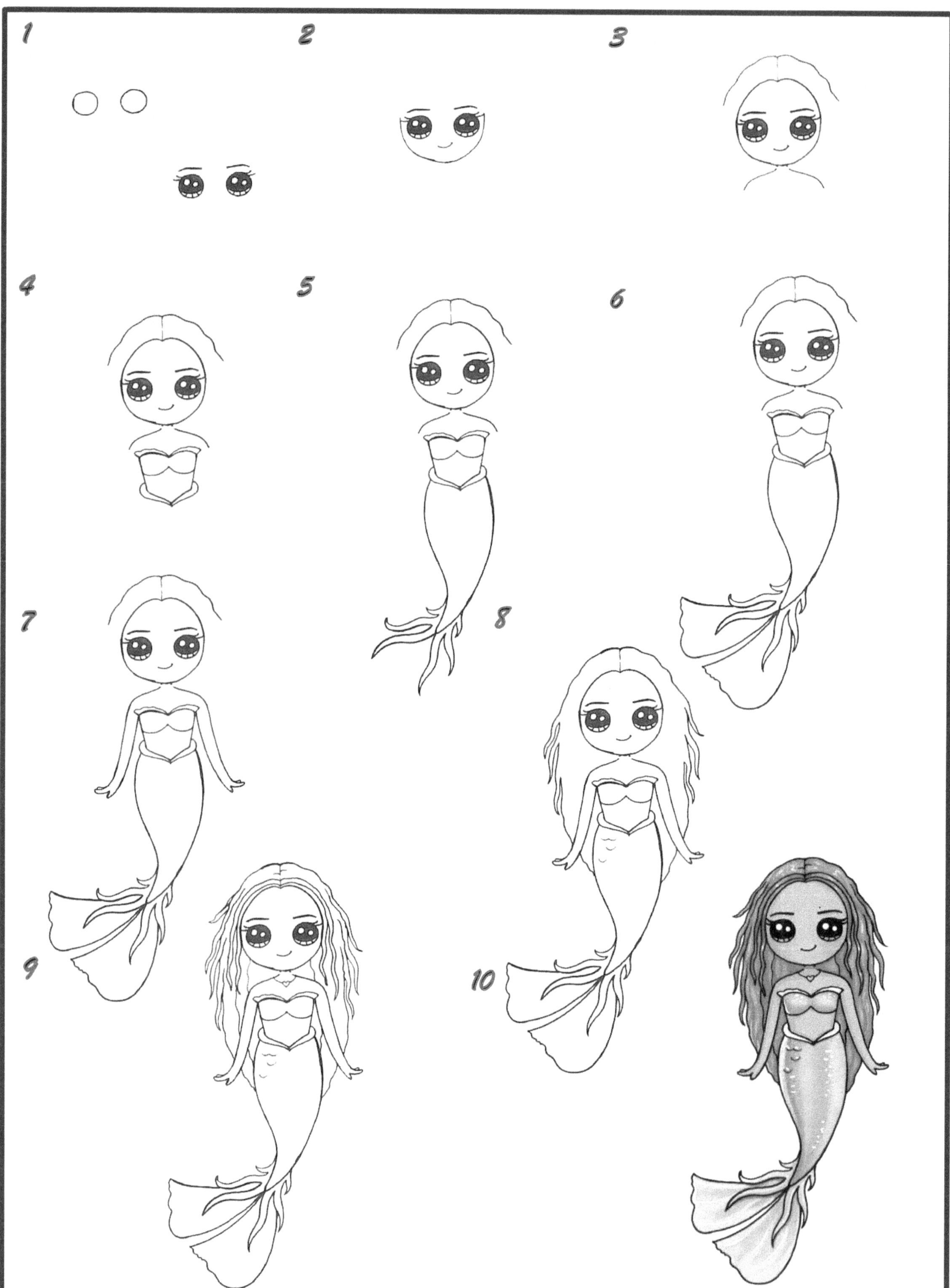
1
2
3
4
5
6
7
8
9
10

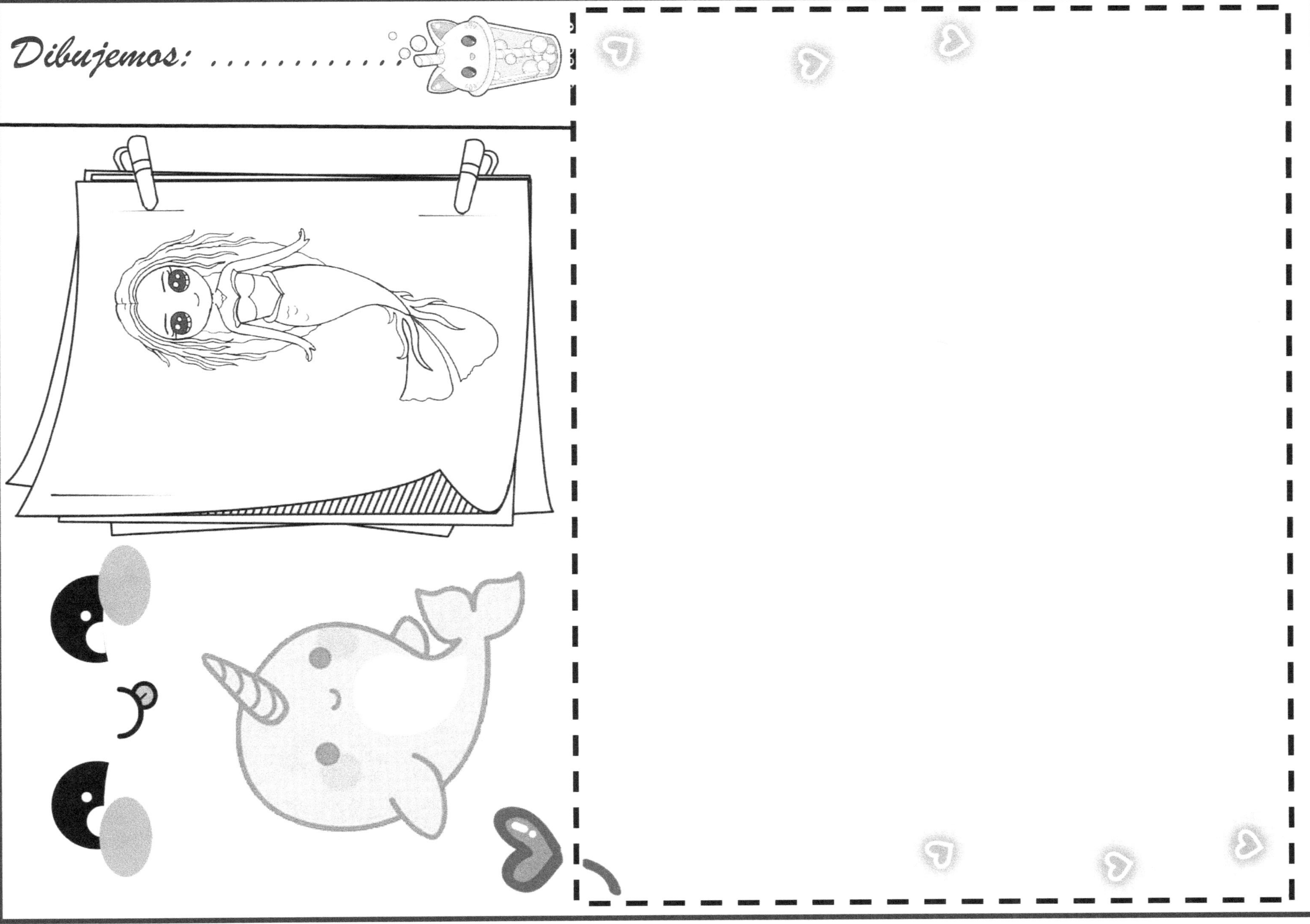
Dibujemos: ....

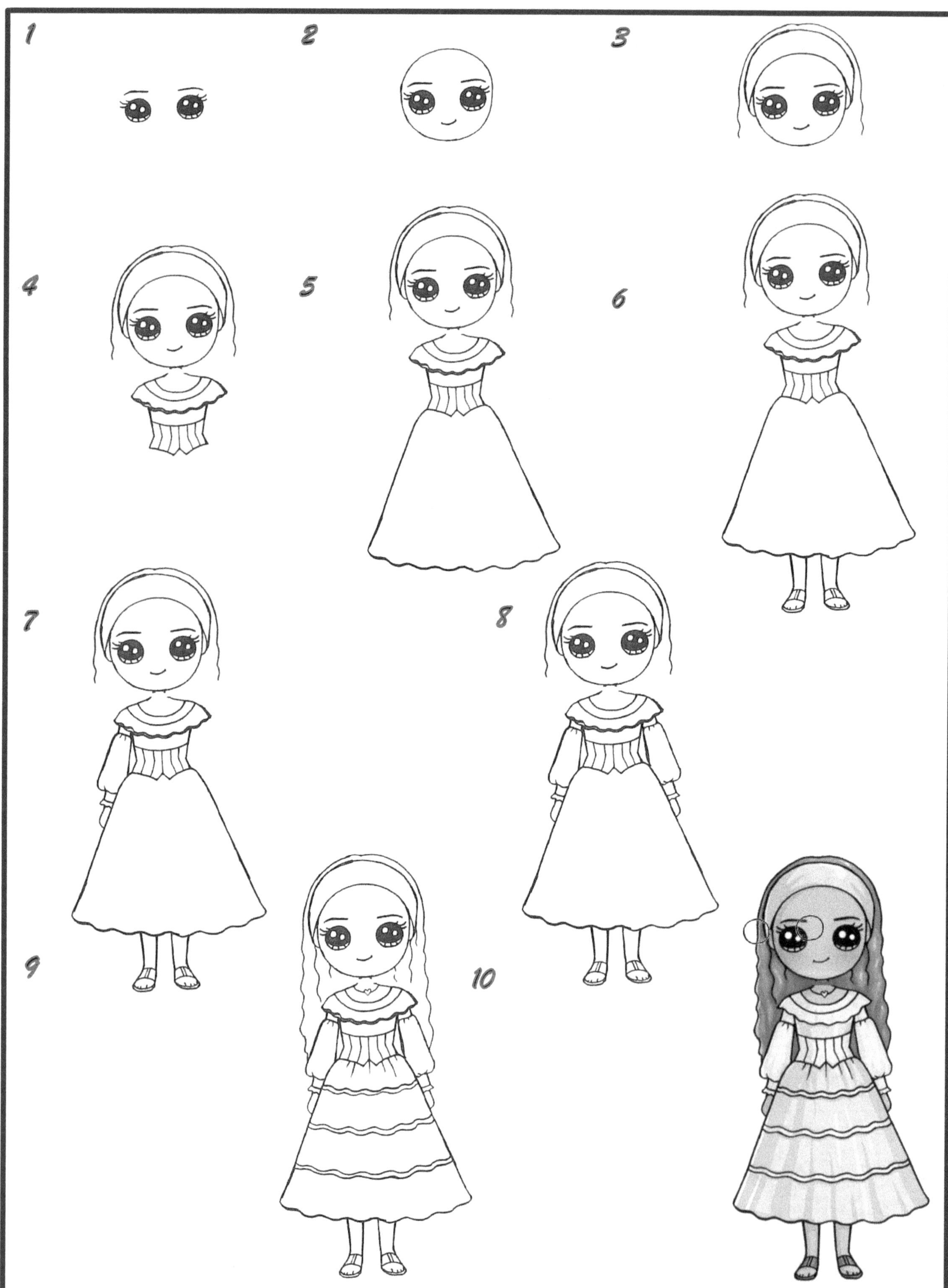

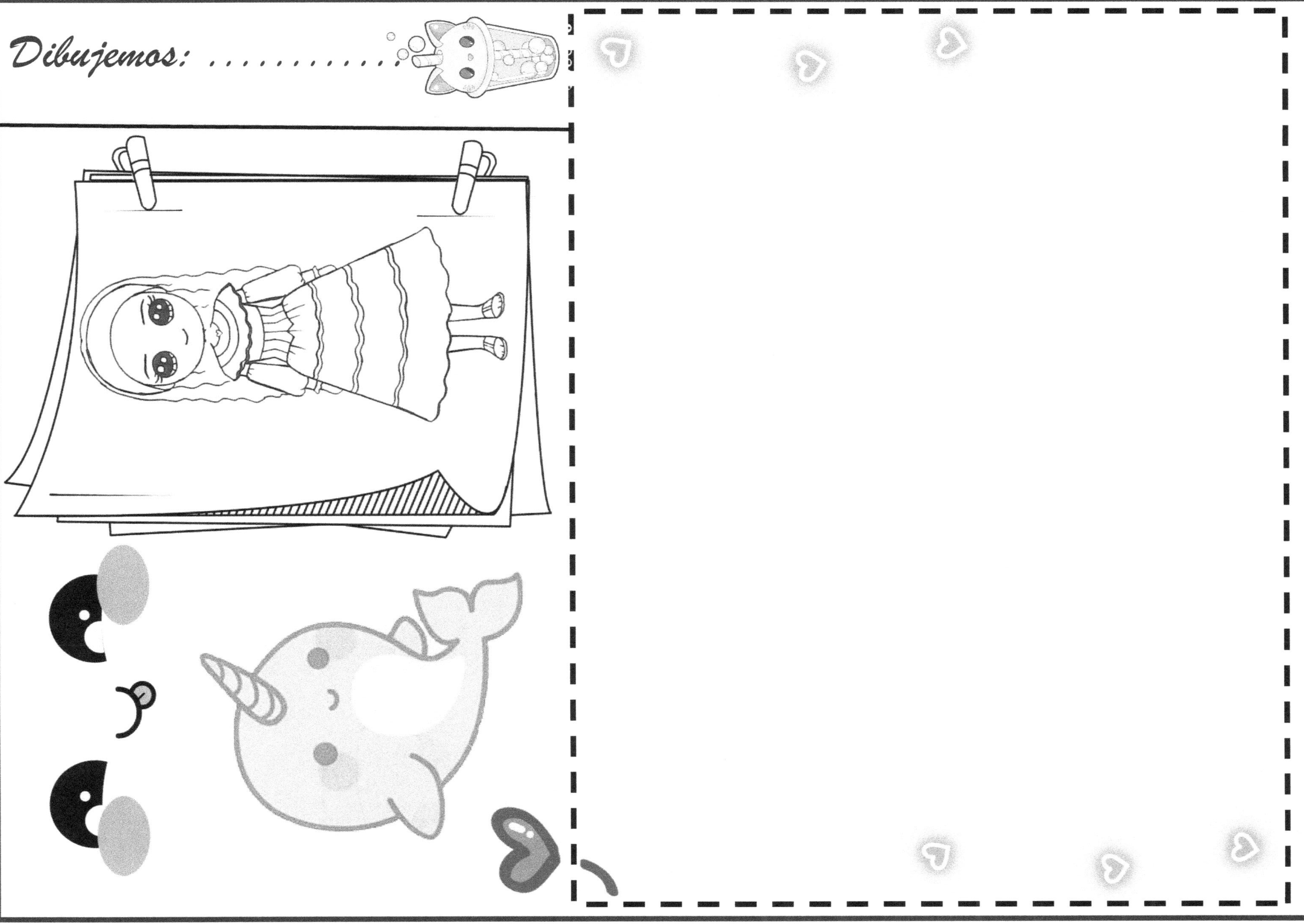
Dibujemos: ....

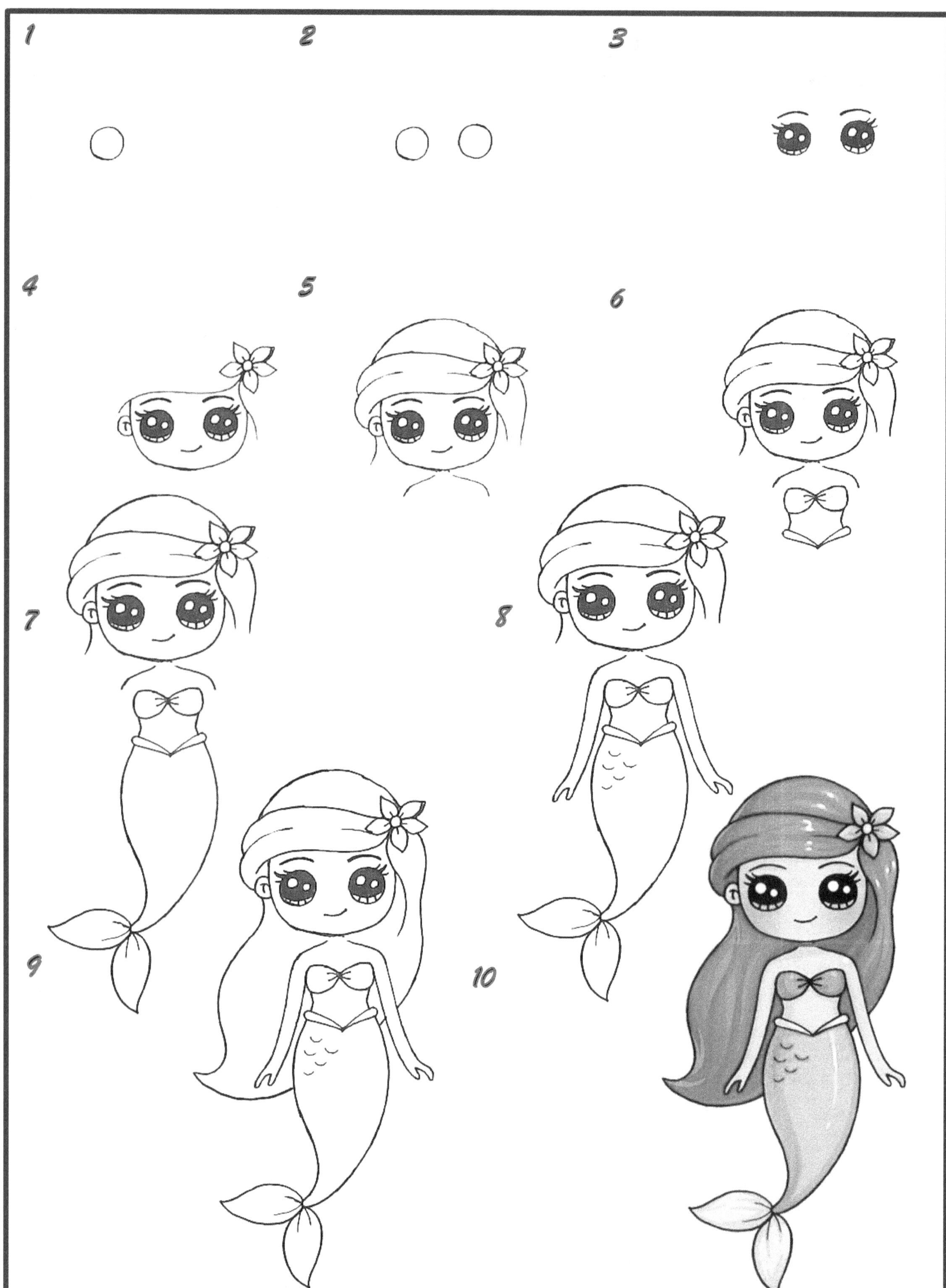

1
2
3
4
5
6
7
8
9
10

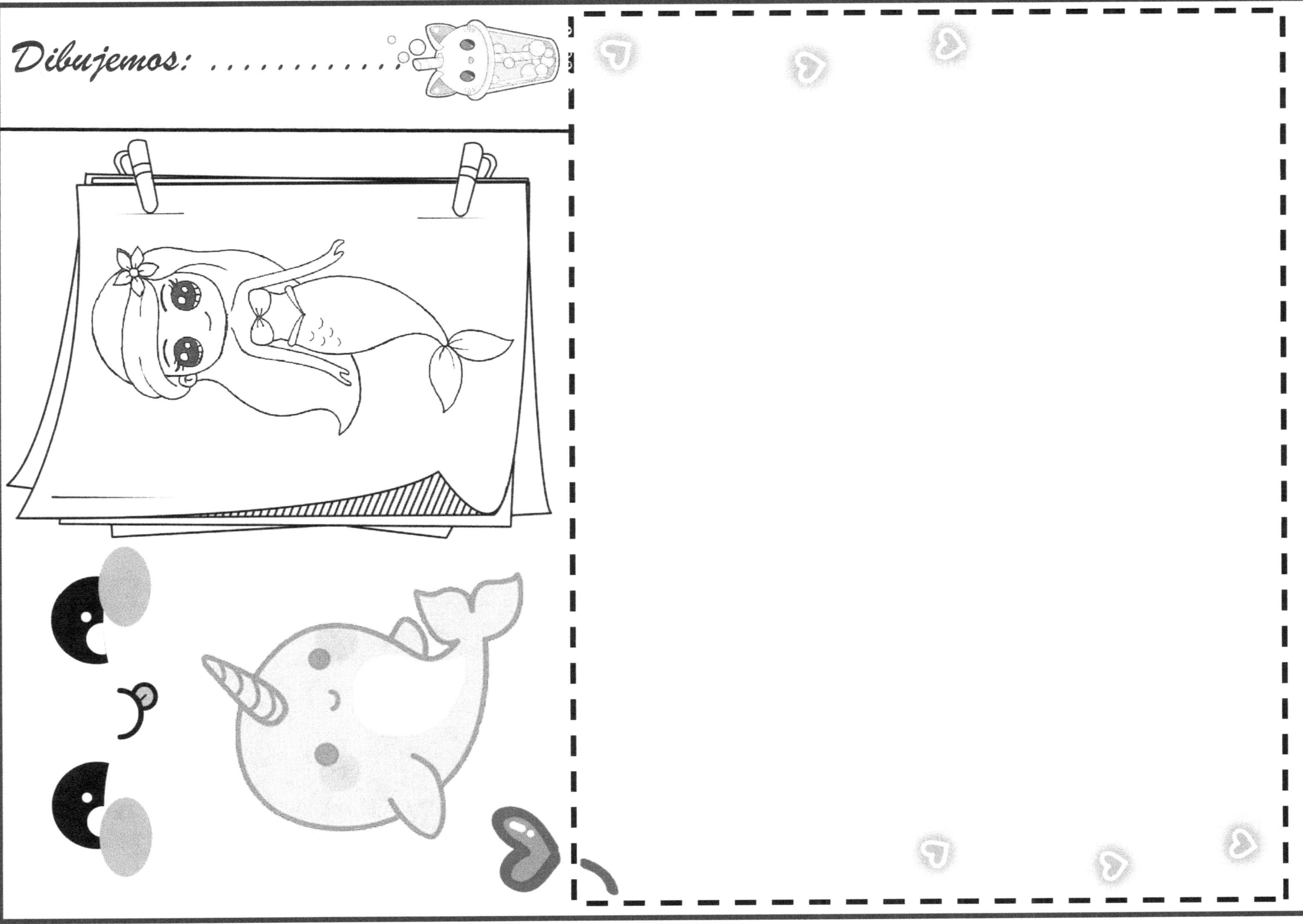
Dibujemos: ....

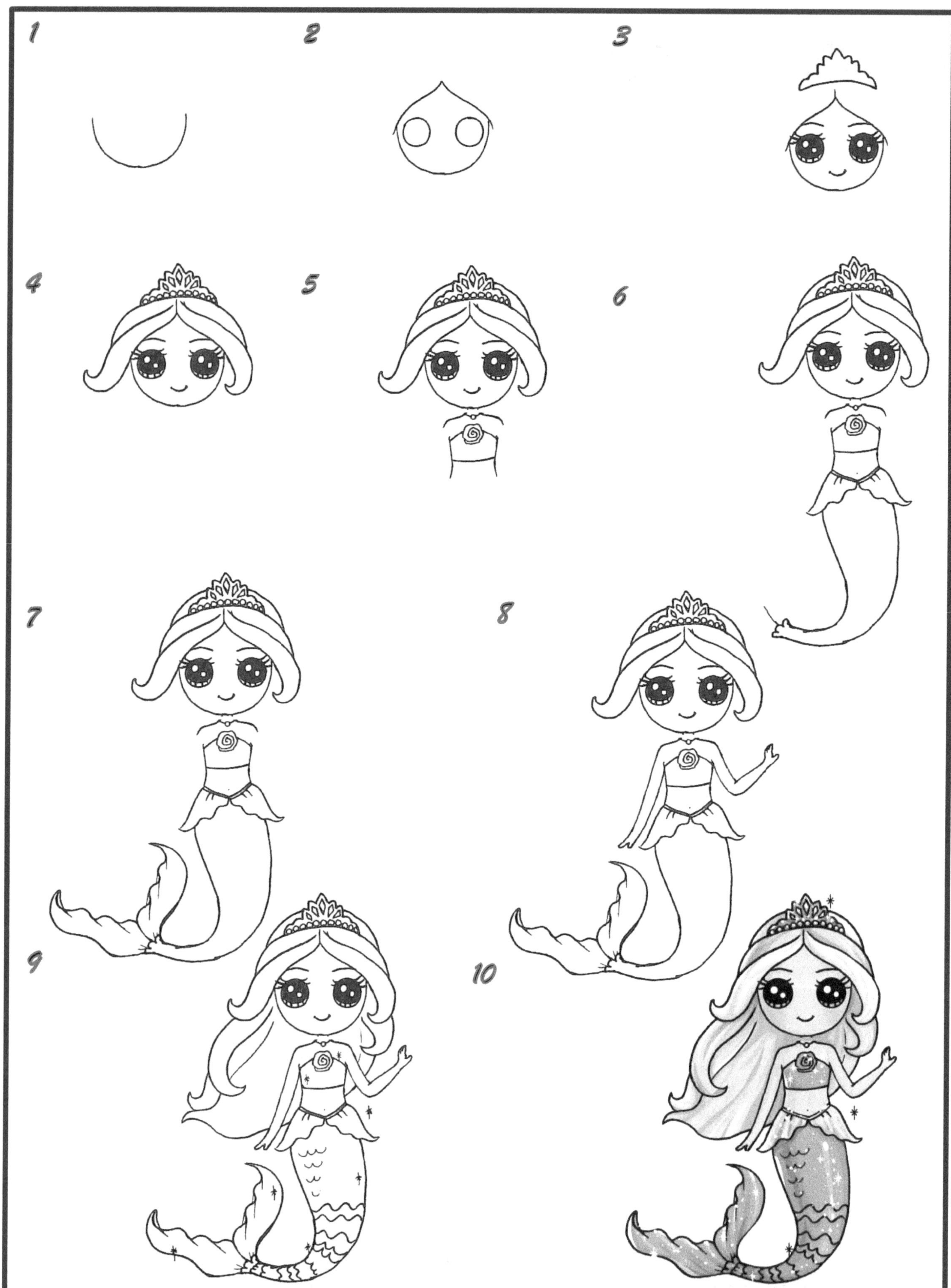

1

2

3

4

5

6

7

8

9

10

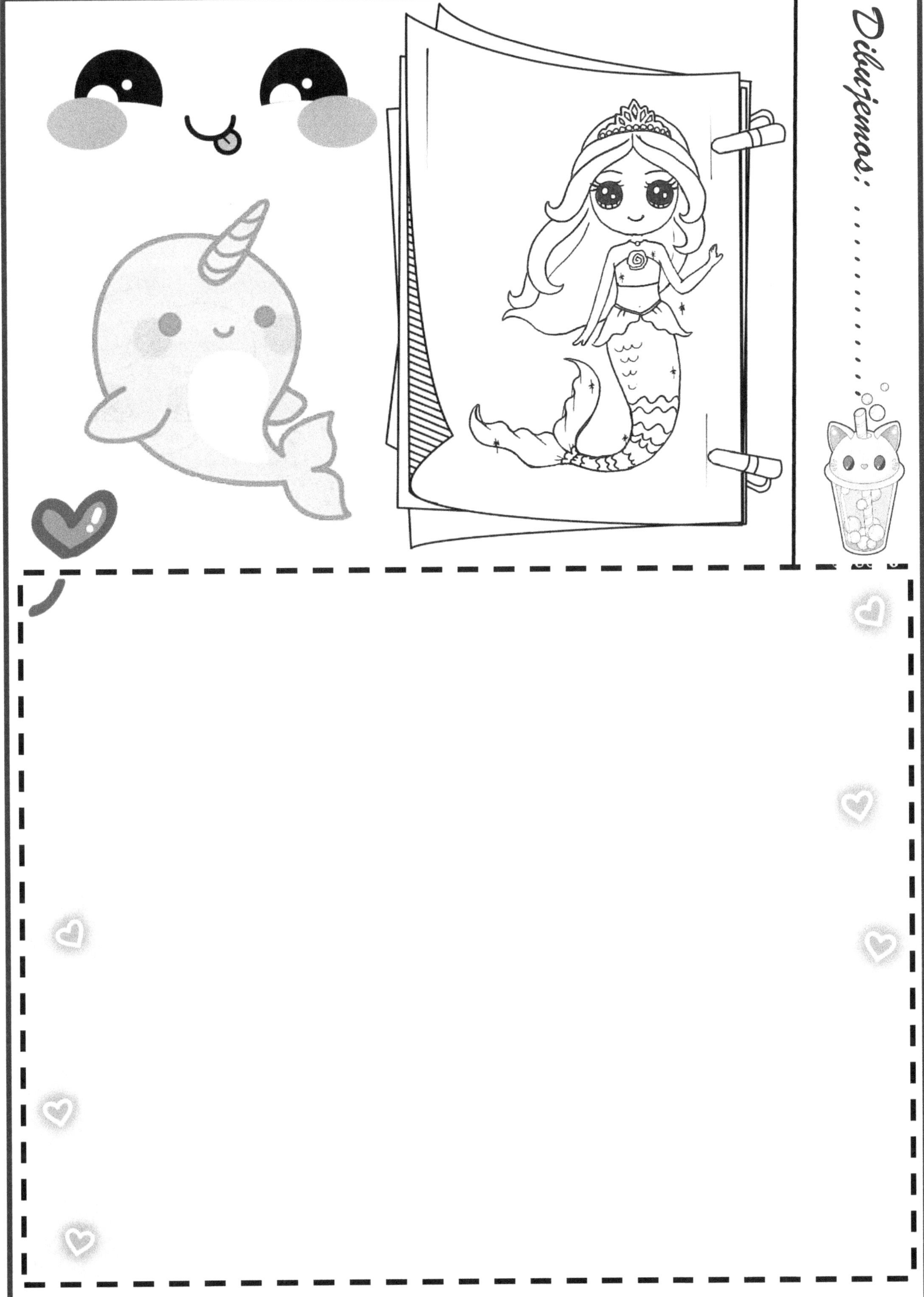

Dibujemos: ....

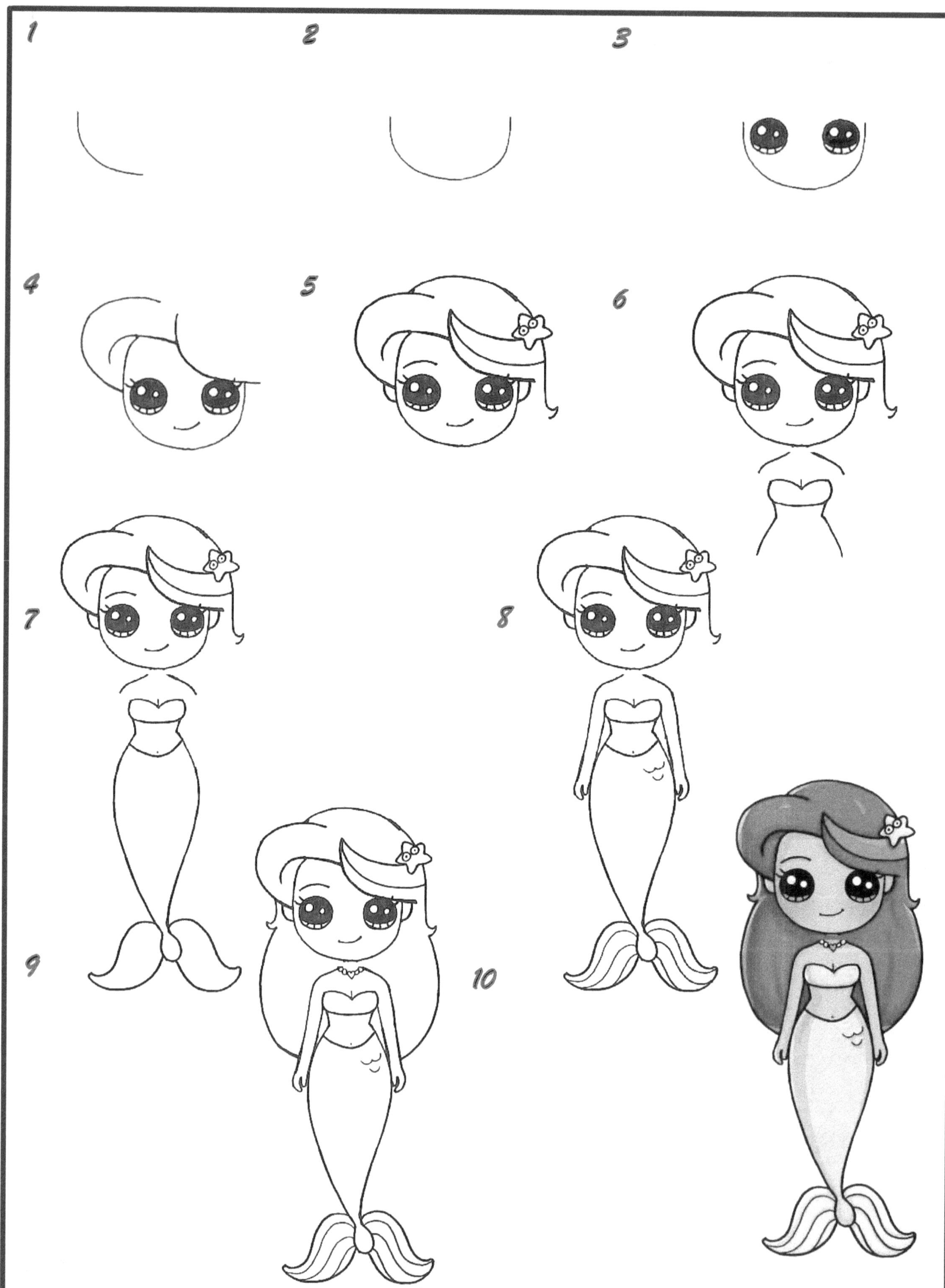

1
2
3
4
5
6
7
8
9
10

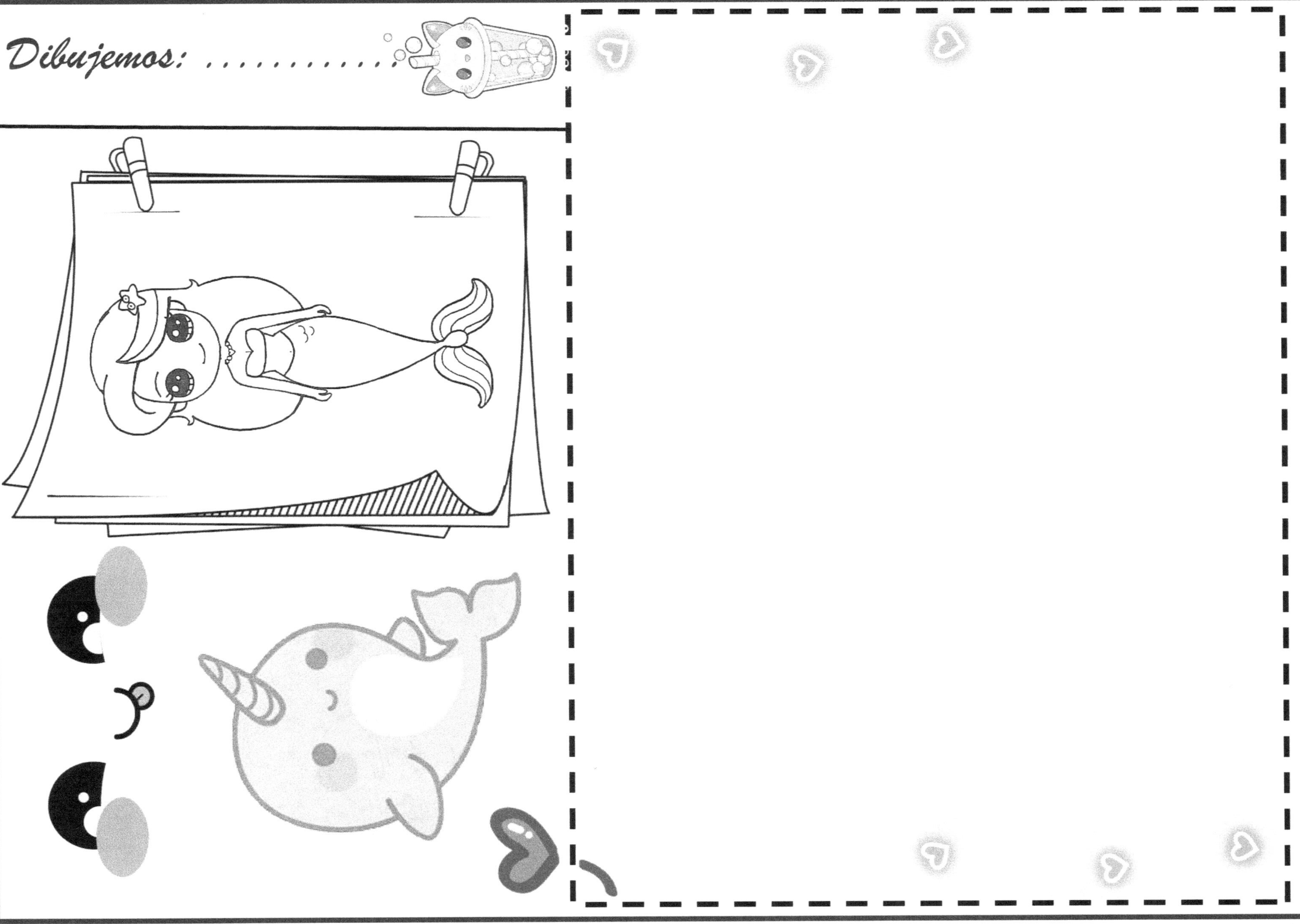

Dibujemos: ....

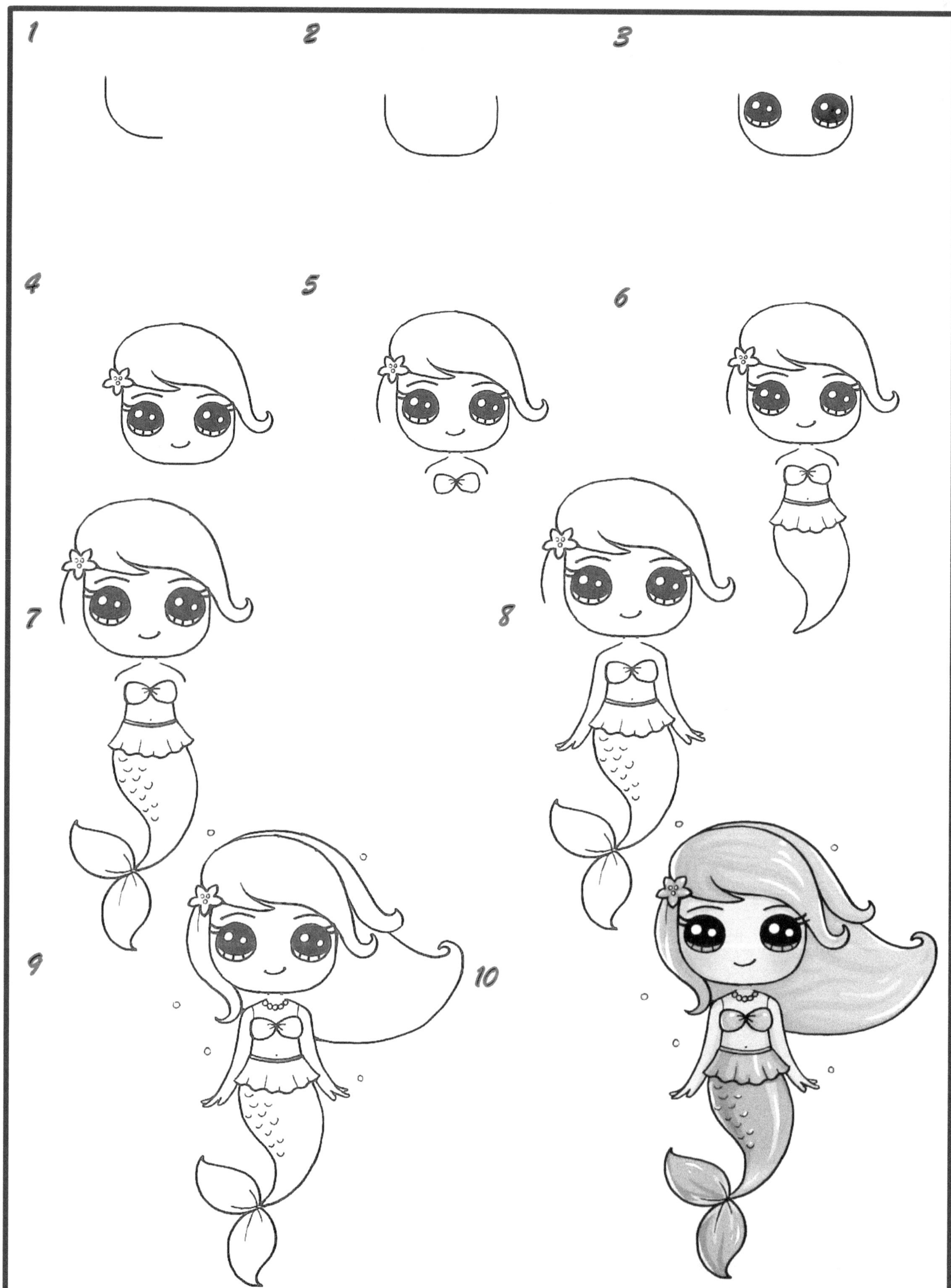

1
2
3
4
5
6
7
8
9
10

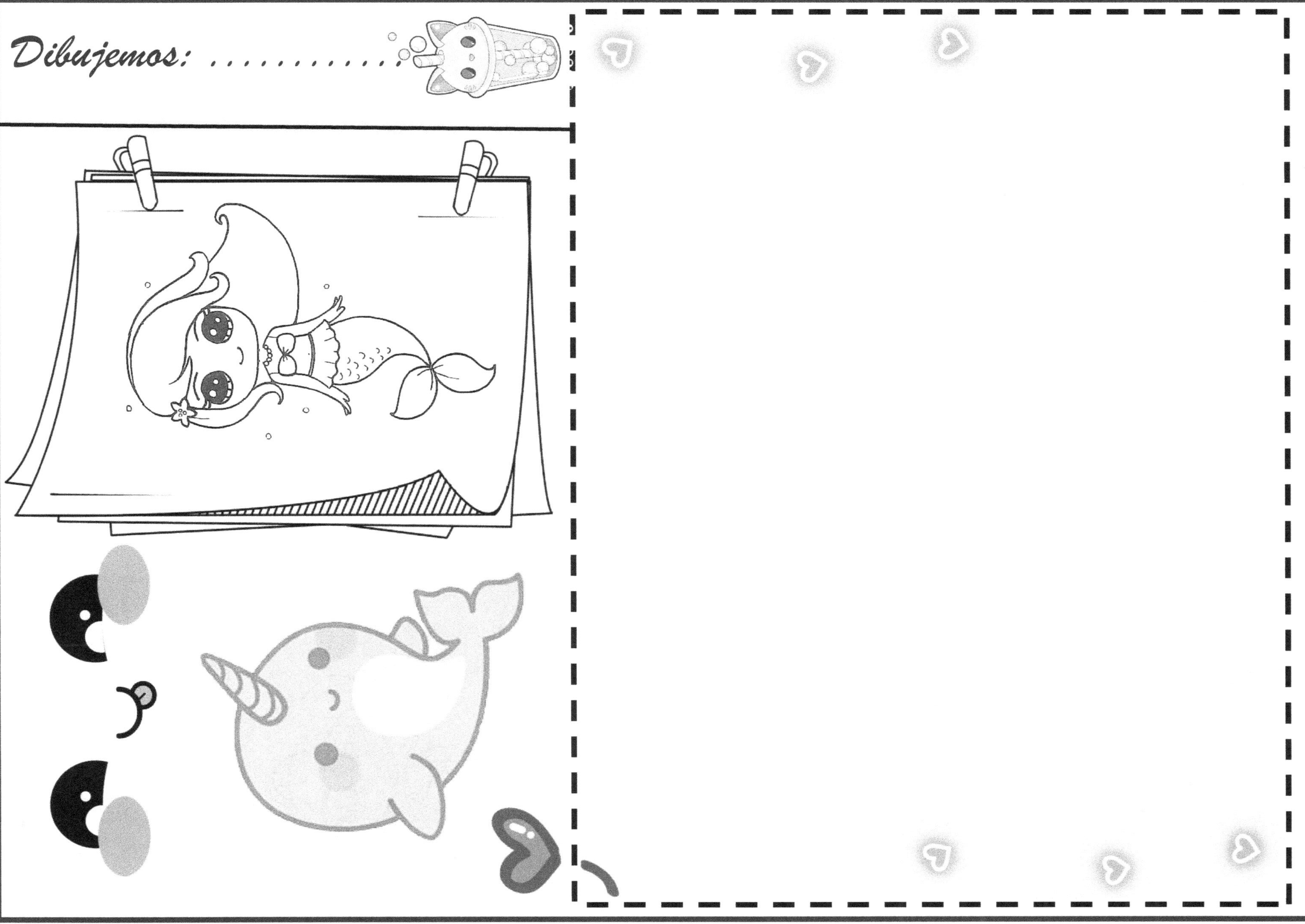
Dibujemos: ....

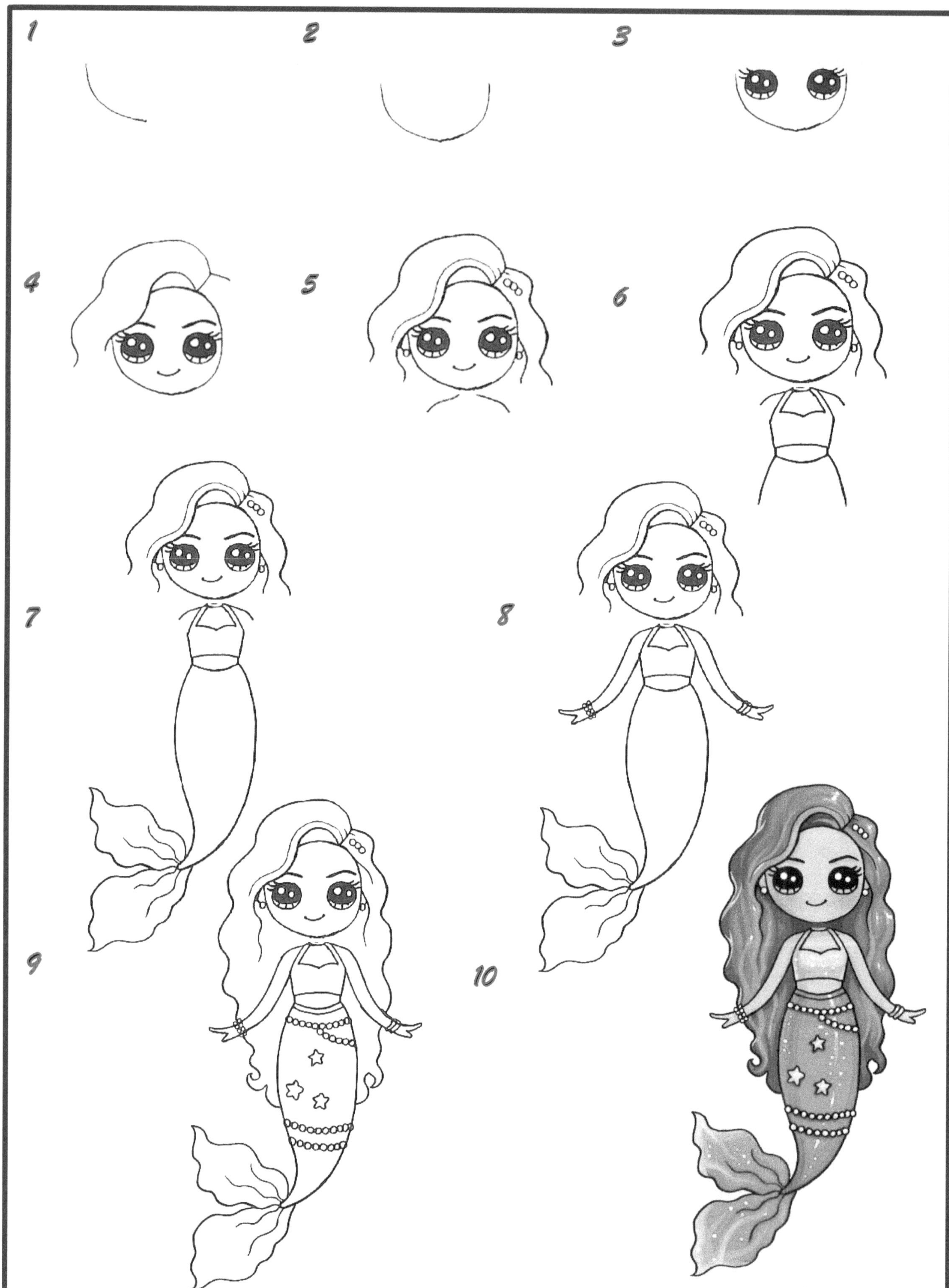

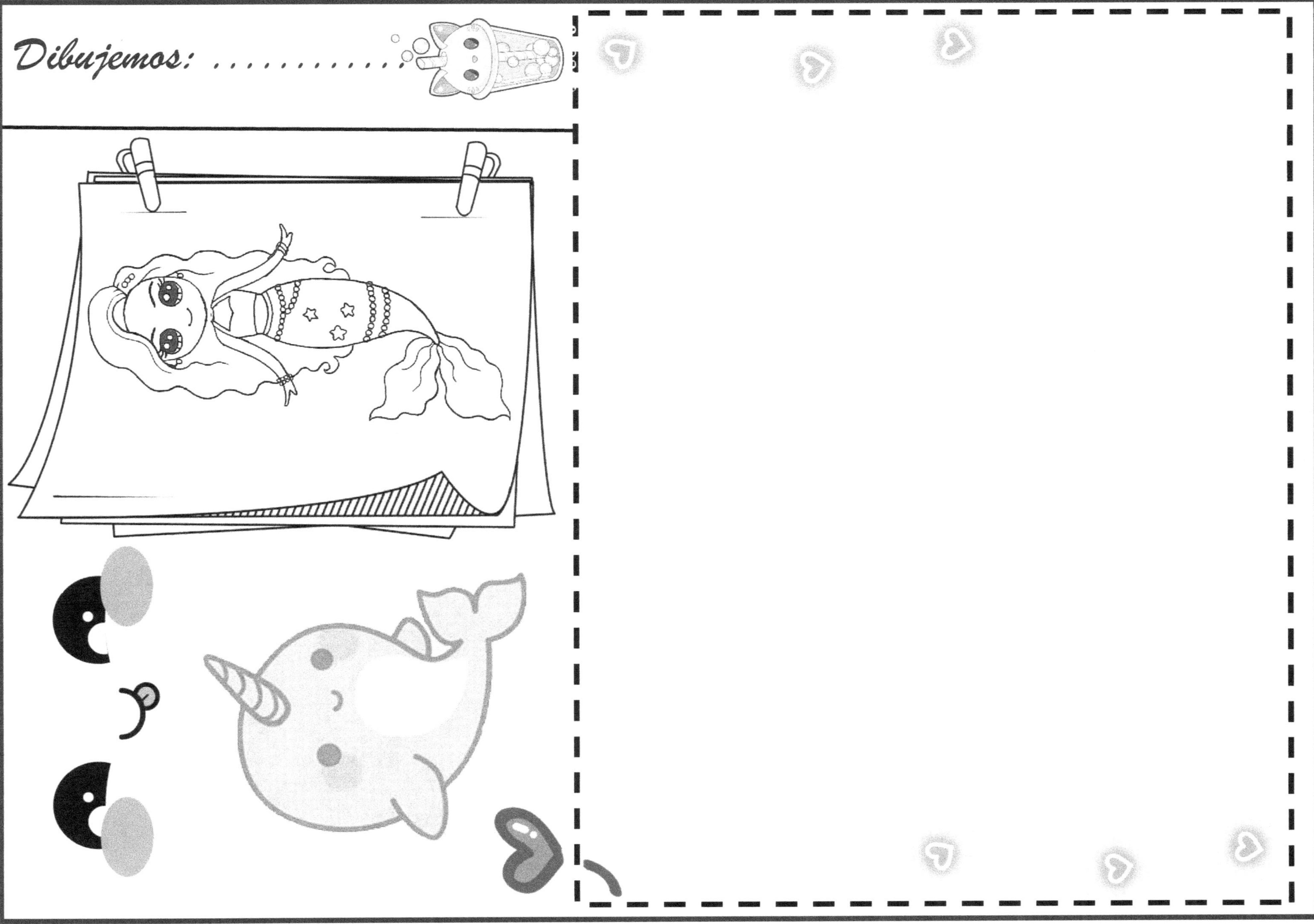

Dibujemos: ....

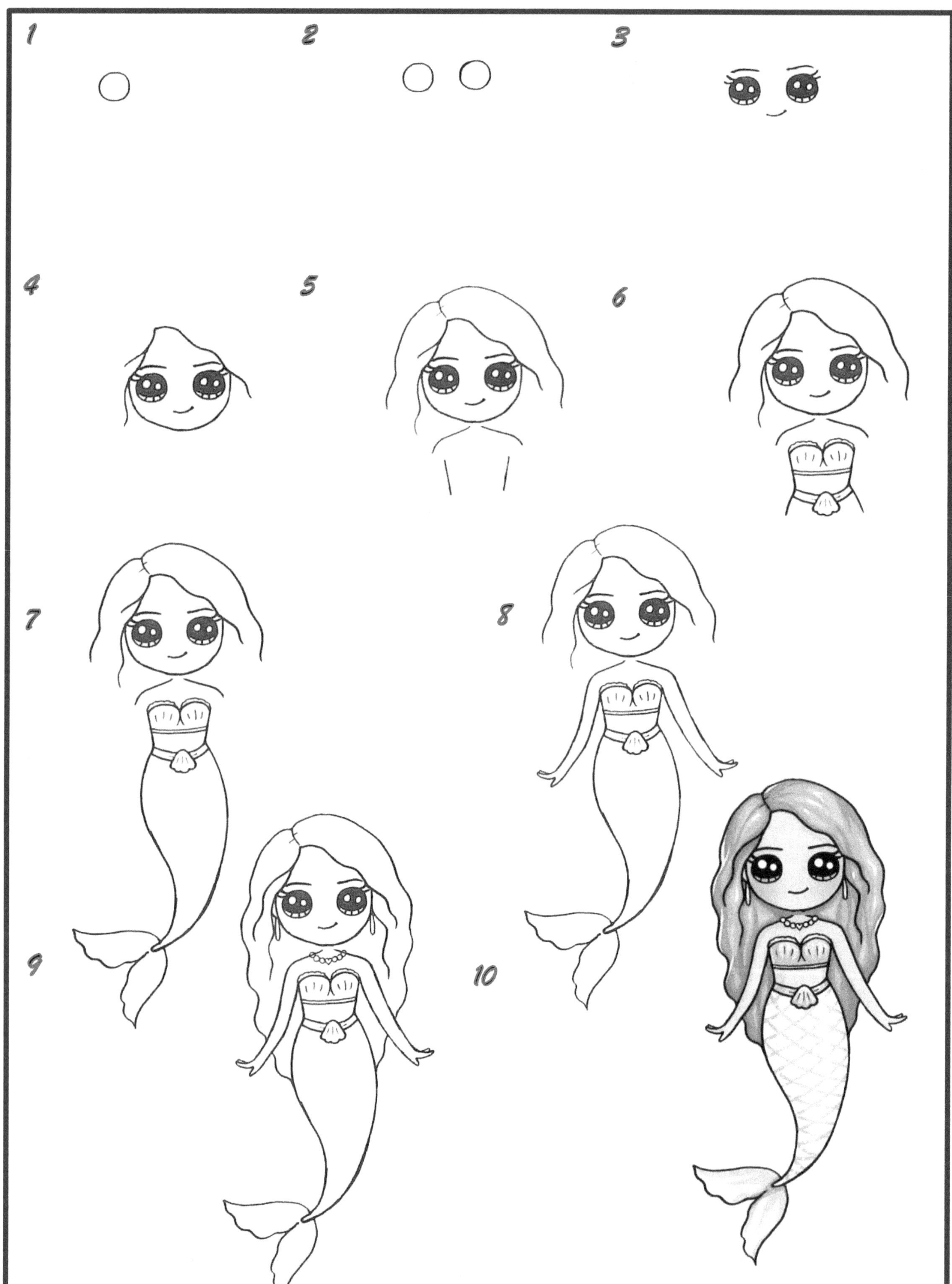

1
2
3
4
5
6
7
8
9
10

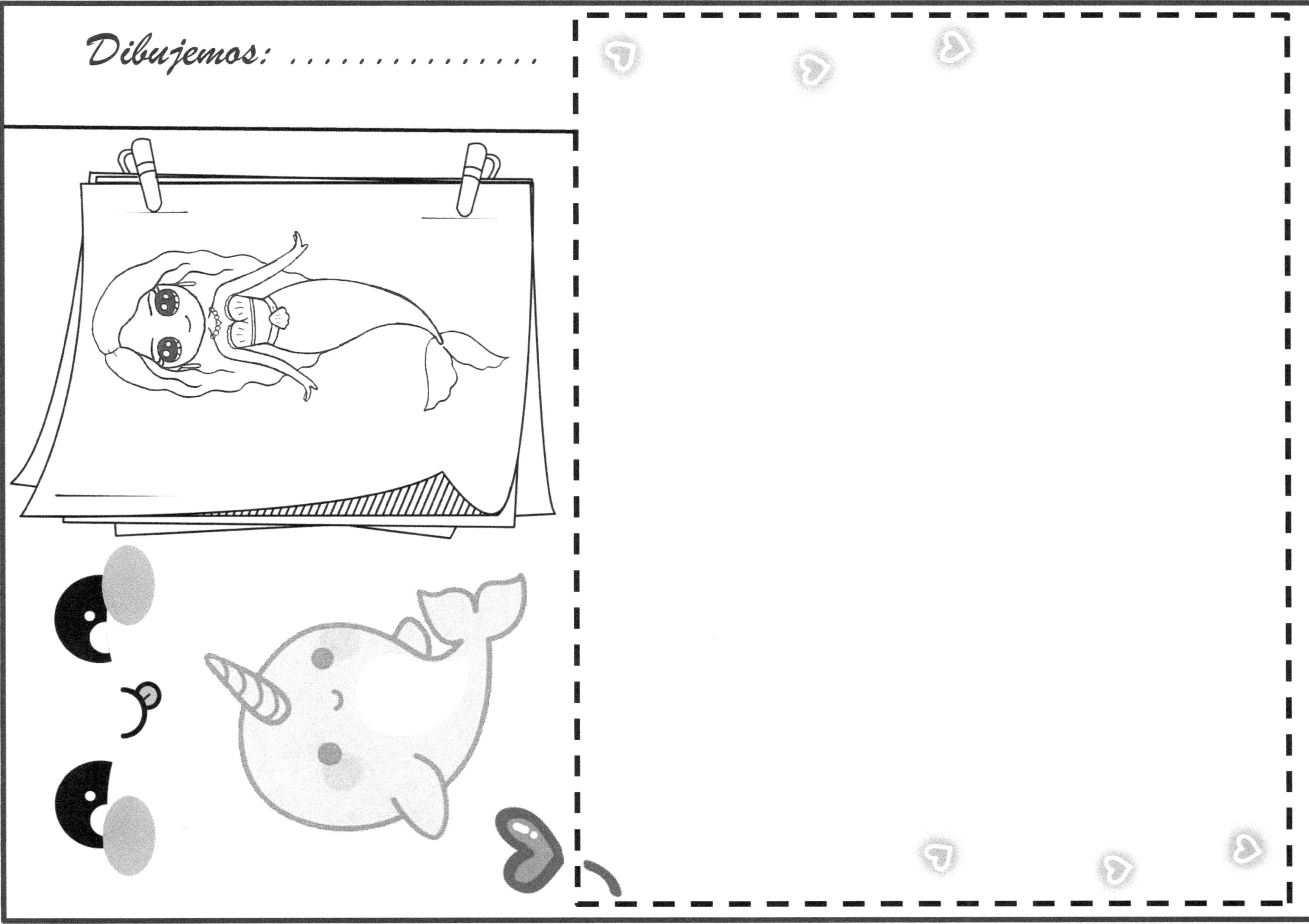

Dibujemos: ....

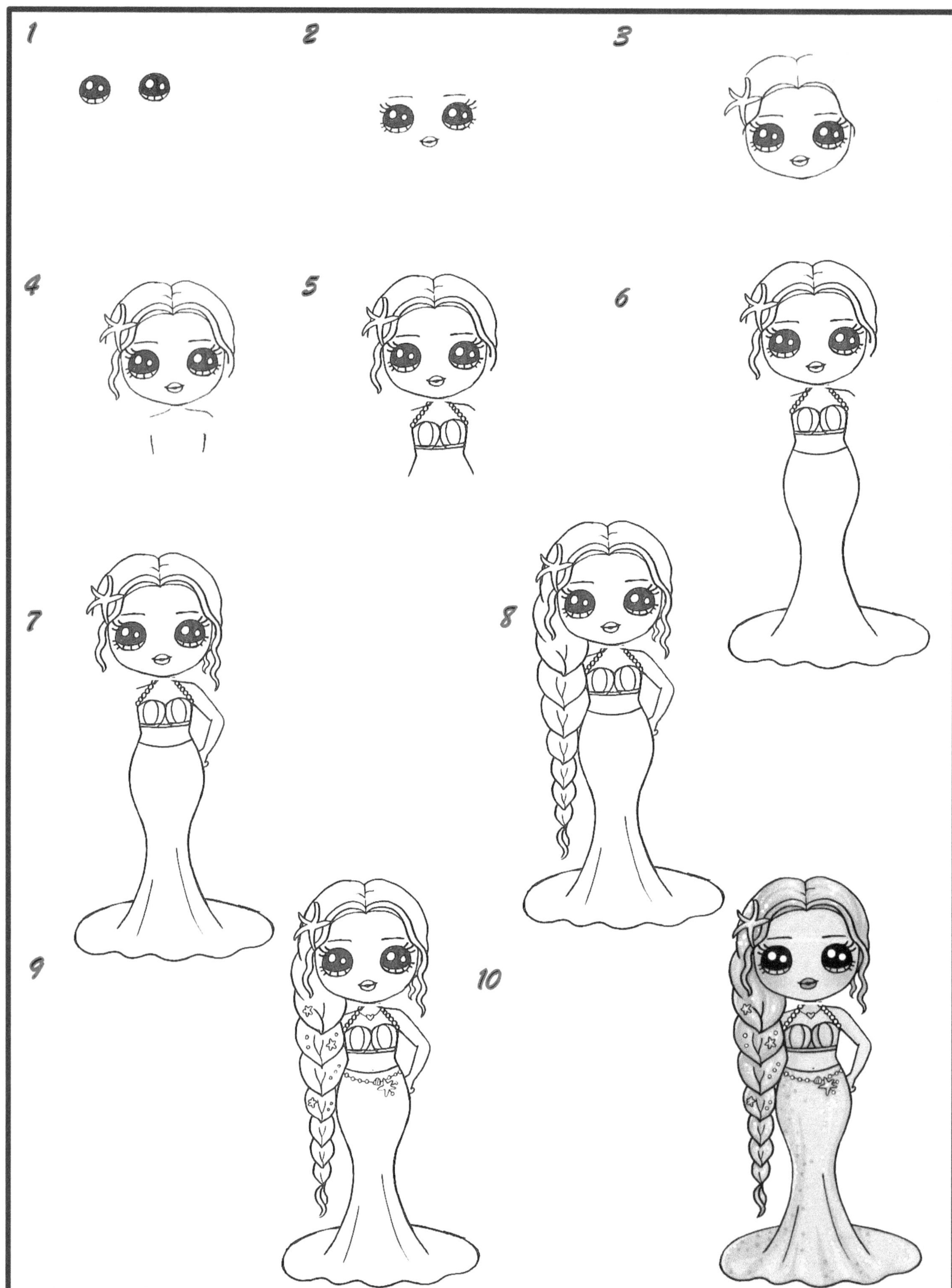

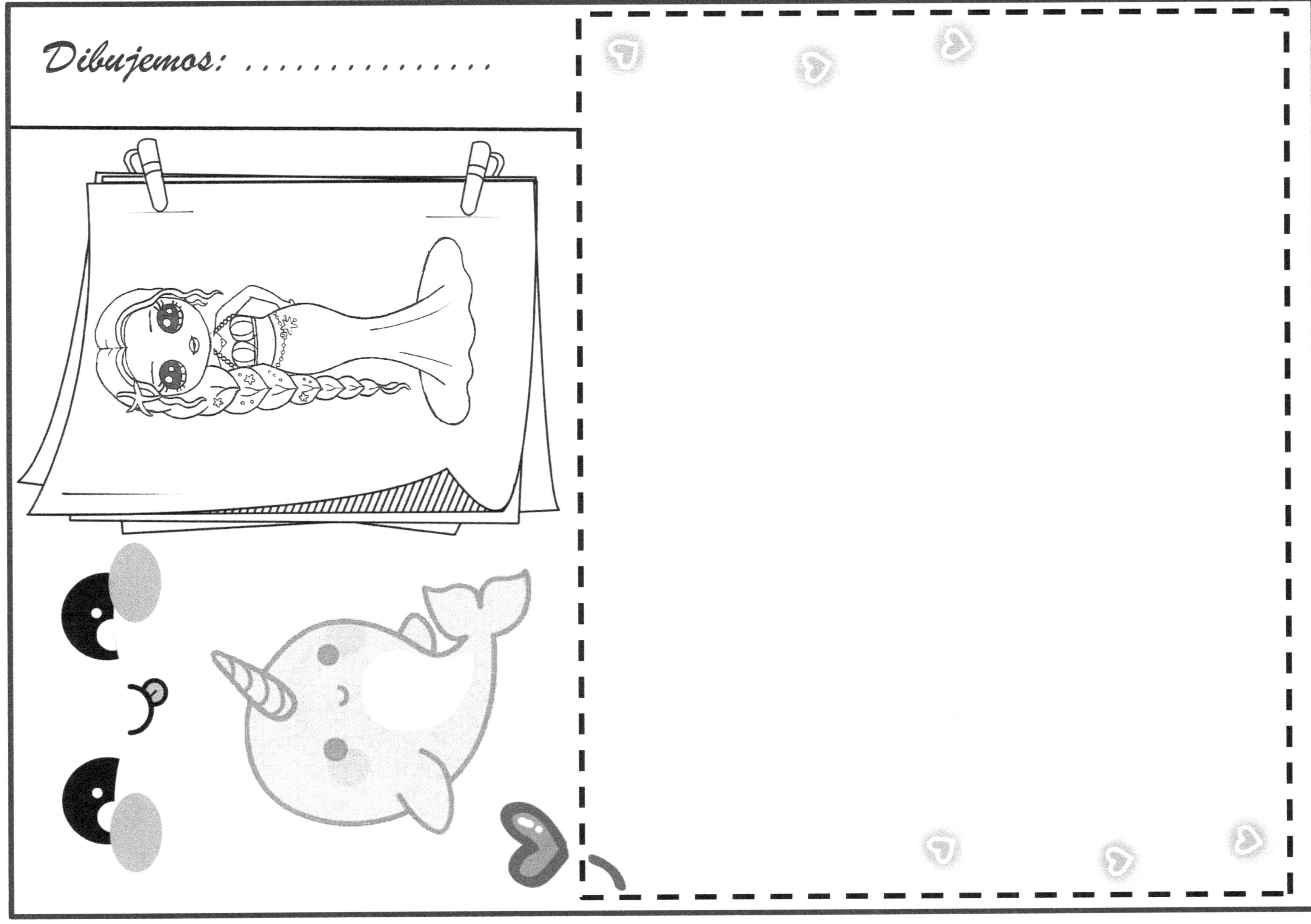
Dibujemos: ....

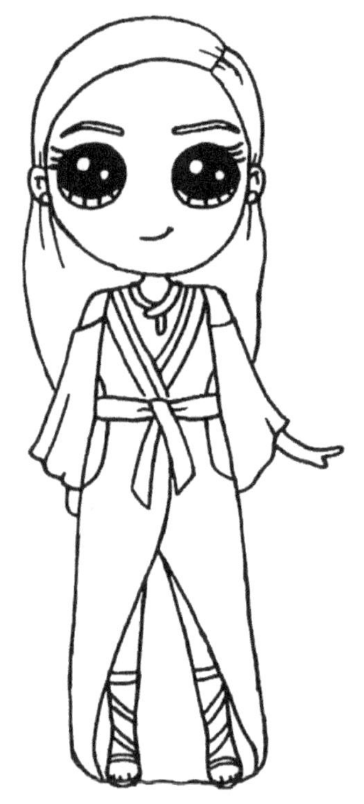
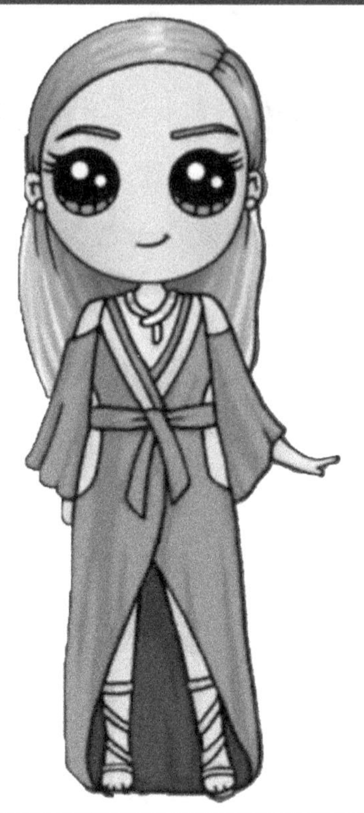

Gracias por elegir este libro. Esperamos que hayas disfrutado cada página de este libro y hayas aprendido a dibujar paso a paso y crear tu propio arte.

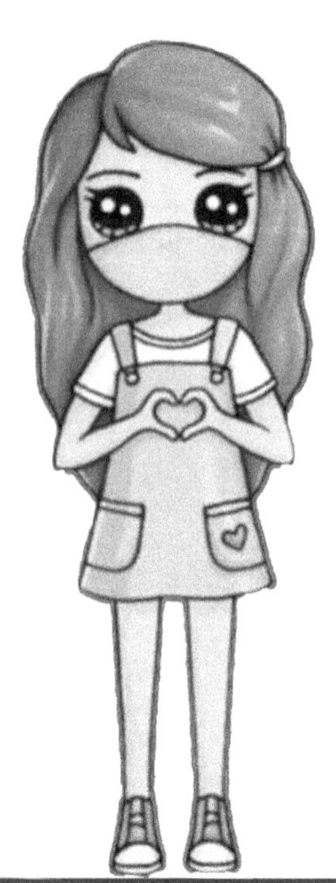
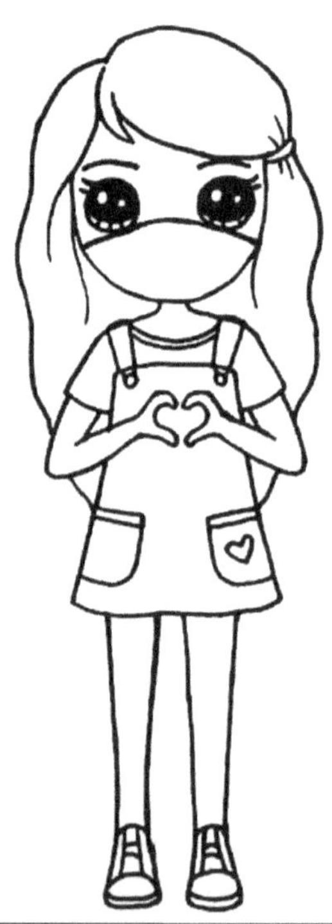